Vendu sur Recl^{on} 40795
ATTAQUE
ET
DÉFENSE
SUR
le
TERRAIN
PAR
Augustin CABOT.
Louis WESTHAUSSER
Editeur
10 Rue de l'Abbaye

ATTAQUE ET DÉFENSE

SUR LE TERRAIN

A.Weber

ATTAQUE & DÉFENSE

SUR LE TERRAIN

PAR

Augustin CABOT

PROFESSEUR D'ESCRIME, EX-MAITRE D'ARMES DE L'ARMÉE

PARIS

LOUIS WESTHAUSSER, ÉDITEUR

10, RUE DE L'ABBAYE, 10

—

1888

A Monsieur Edmond DOLLFUS,

Officier de la Légion d'Honneur.

RESPECTUEUX HOMMAGE

DE L'AUTEUR.

AUX LECTEURS

La plupart des traités d'escrime débutent par de longues explications techniques pour arriver à consacrer, à la fin, quelques lignes au combat.

Notre but étant essentiellement pratique, nous commençons par « Le Terrain » et nous donnons plus loin, à la leçon, toutes les indications détaillées nécessaires à la parfaite compréhension de nos conseils.

Dans ce travail, nous nous sommes efforcé de nous en tenir au strict nécessaire, de façon à ce que ces conseils puissent être facilement compris et suivis par tous, même par les gens les moins experts en escrime.

Nous nous sommes appliqué à donner, sous une forme concise et pratique, la totalité des renseignements que chaque duelliste est tenu de connaître, et à enseigner les coups et les parades qui permettent à chacun de défendre, au besoin, l'épée à la main, son honneur et son existence.

Nous nous rendons bien compte que, malgré la clarté à laquelle nous nous sommes attaché avant tout, quelques termes un peu techniques, que nous avons été forcé d'employer, ne seront pas, tout d'abord, absolument compris par les lecteurs n'ayant jamais fait d'armes.

L'explication de ces termes est donnée aussi complètement que possible à la leçon (page 16 et suivantes) et, afin d'éviter des redites inutiles, nous prions ceux qui, « a priori » n'auraient pas saisi le sens exact de certains mots, de vouloir bien se reporter à cette partie de notre ouvrage.

ATTAQUE & DÉFENSE

SUR LE TERRAIN

1

LE TERRAIN RAISONNÉ ET PRATIQUE

Echange de cartes.

Vous avez échangé votre carte avec un Monsieur. Vos témoins ont été mis en rapport avec les siens ; ils ont jugé qu'une rencontre est inévitable, et l'épée est l'arme choisie. Permettez-moi de vous poser une question : Fréquentez-vous une salle d'armes ? Si oui, avez-vous fait de l'épée ? ou bien vous êtes-vous borné à aller passer quelques heures par semaine chez votre professeur d'escrime dans le but de vous livrer à un exercice hygiénique et amusant et pour y pousser de temps à autre une « botte » au fleuret avec les amis que vous êtes heureux d'y rencontrer ? Dans ce dernier cas, de même que si vous êtes tout à fait ignorant en escrime, les conseils d'un maître d'armes expérimenté vous sont aujourd'hui indispensables.

L'escrime du fleuret est bien, en effet, la meilleure préparation pour le jeu de l'épée, mais celui-ci est beaucoup moins conventionnel, et tel coup au bras, à l'épaule, au masque, que l'on dirait « passé », dans l'assaut de fleuret, ferait parfaitement couler le sang sur le terrain.

Un tireur de fleuret, n'ayant jamais travaillé l'épée, serait donc très exposé, par le fait même de son initiative, si le hasard du combat mettait devant lui un ignorant d'un tempérament fougueux.

Choix des témoins.

Il est nécessaire de choisir, autant que possible, des témoins connaissant l'escrime et ayant une certaine habitude des combats. Dans tous les cas, il est indispensable d'en avoir au moins un suffisamment expert pour conduire le duel.

Des témoins, habitués à ce rôle, peuvent, en effet, presque toujours égaliser à peu près les chances et souvent éviter de très grands malheurs ou une issue plus funeste que celle que l'on désire dans la majorité des cas.

Préparatifs de combat.

Vous devez vous battre demain. Autant que possible, couchez-vous de bonne heure et évitez tout ce qui peut vous fatiguer inutilement. Si vous allez dans une salle d'armes pour y prendre une leçon de terrain, évitez de la continuer trop longtemps, afin qu'elle vous laisse complètement dispos et en possession de tous vos moyens.

Le lendemain matin, avant de partir pour le terrain, déjeunez, très légèrement, mais ne prenez que des toniques.

Habillez-vous convenablement, mais très à l'aise ; que votre caleçon, et votre pantalon surtout, vous laissent bien la liberté complète de tous vos mouvements ; chaussez-vous largement ; tout ceci est très important.

Si les conditions sont que le gant de ville sera autorisé, prenez de préférence des gants larges et déjà plusieurs fois portés, ni blancs, ni noirs, afin de ne point fournir à votre adversaire un point de mire bien tranché qui pourrait assurer la précision de ses coups. Si l'on doit conserver la chemise, mettez-en une non empesée de préférence.

Comme on ne sait jamais ce qui peut arriver et qu'une précaution, même superflue, n'est jamais mauvaise à prendre, arrangez bien soigneusement toutes vos petites affaires, de façon à partir l'esprit absolument tranquille

Sur le terrain.

Lorsque l'on se rend sur le lieu du combat, il est préférable, pour éviter les ennuis, de voyager individuellement, de façon à moins attirer l'attention.

Arrivés sur l'emplacement désigné, les témoins, chacun de leur côté, se mettent à la recherche d'un endroit convenable. Ce doit être, autant que possible, un terrain uni, exempt de pierres ou de grosses racines, surtout non couvert d'herbe, parce que les chutes y seraient à craindre, et qu'elles sont toujours redoutables dans un duel. Lorsque cet endroit est trouvé, la place de chaque combattant est tirée au sort ; cette place doit être telle que ni l'un ni l'autre n'ait le soleil dans les yeux.

Les adversaires sont alors en présence ; ils se dépouillent de leurs vêtements, ne conservant que leur pantalon et leur chemise, ou même quittant cette dernière, si les conditions sont telles, ainsi que cela se pratique ordinairement dans les duels militaires.

En général, lorsque la température le permet, il est préférable de se battre le torse nu, car bien des coups qui auraient passé sans toucher peuvent être ramenés au corps par la chemise, surtout si elle est empesée.

Le sort ayant désigné celles des épées dont on doit se servir, le témoin, chargé de diriger le combat, prend ces épées par le milieu, les mesure, et après s'être assuré qu'elles sont d'égale longueur, en présente la poignée à chacun des deux adversaires en les faisant mettre à distance, de façon à ce que les pointes ne soient pas engagées de plus de deux à trois centimètres. Il se recule alors de quelques pas et dit : Allez, Messieurs ! C'est alors que vous devez vous mettre

En garde.

Pour tomber en garde sur le terrain, vous reculez le pied gauche, c'est-à-dire que vous vous portez en arrière, le pied droit conservant sa place.

Il n'est pas nécessaire que vous preniez absolument la position que l'on indique en salle, non point qu'elle soit mauvaise,—tant s'en faut, mais parce que si vous n'y êtes pas absolument rompu, elle aurait vite fait de vous fatiguer, ce qu'il faut éviter.

Prenez donc l'attitude dans laquelle vous vous sentirez le plus à l'aise, mais, autant que possible, fléchissez un peu les jarrets, le corps penché un peu en avant, et bien également d'aplomb sur les deux jambes, afin de pouvoir, avec une égale facilité, avancer ou rompre. Avant tout, effacez-vous, de façon à présenter le moins de surface possible; enfin, surtout dans les premiers moments, évitez de donner l'épée pour ne pas fournir de point d'appui à votre adversaire qui pourrait vous surprendre par un battement ou un froissement vigoureux. Placez votre main gauche comme vous voudrez, mais plutôt sur la hanche, ou même tenant la ceinture du pantalon en arrière, de façon à éviter la tentation de la ramener en avant et de saisir le fer adverse dans un engagement énergique.

La main droite doit être plutôt tenue en tierce ou en pronation, c'est-à-dire les ongles en-dessous, parce que, dans cette position, elle se trouve plus naturellement couverte par la coquille de l'épée.

Maintenant commence :

Le combat.

Les épées sont engagées. Vous vous êtes mis en garde en arrière. Si votre adversaire vous a imité, vous serez certainement hors de portée, mais il est toujours facile de rétablir la distance, et la précaution que vous avez eue a l'avantage immense de vous éviter toute surprise. Si vous étiez tous deux tombés en garde en avant, vous seriez très rapprochés, et vous pourriez, sans avoir eu le temps de vous reconnaître, vous trouver exposé à l'attaque violente, soudaine, d'un ennemi que vous n'avez pas encore eu le temps d'étudier, tandis qu'il importe de régler votre jeu d'après celui de l'adversaire que vous avez devant vous ; comme il n'est guère supposable que vous le connaissiez d'avance, il est, pour vous, indispensable de le tâter.

Tout d'abord, et sans rien livrer, faites comme si vous alliez prendre une offensive vigoureuse ; observez attentivement la façon dont votre adversaire vous répond ; si vous voulez attendre ses attaques, gardez-vous d'en rien laisser paraître. L'ennemi vous croit-il disposé à attaquer ? il deviendra immédiatement plus circonspect et, ses coups seront moins résolus que s'il vous supposait homme à lui laisser le champ libre.

Vous avez, après quelques instants, jugé votre adversaire ; soyez toujours prudent, la maladresse qu'il peut avoir montrée est peut-être volontaire, mais, serait-elle vraie, souvenez-vous bien qu'il n'est point d'ennemi à dédaigner sur le terrain, l'épée d'un maladroit pique aussi bien qu'une autre, et les coups de hasard blessent et tuent, comme les passes les plus savantes.

Veillez bien, avant tout, à la distance qui vous sépare ; l'observation exacte de la distance est certainement la plus grande qualité que puisse posséder un duelliste.

1*

Au grand air, l'éloignement paraît moindre, surtout par un temps clair, la lumière, les arbres rapprochent d'une façon considérable, et l'on se croit toujours l'un sur l'autre quand on est à distance convenable. Nous ne saurions trop recommander de faire de temps à autre des simulacres de combat dans un jardin ou une propriété en plein air ; celui qui aurait pratiqué cette école aurait mis déjà de grandes chances de son côté.

Après l'observation exacte de la distance, vient la vitesse. Portée à un degré extrême, cette qualité pourrait, à elle seule, remplacer toutes les autres ; mais hâtons-nous de dire que, si elle n'est point accompagnée de la prudence et du sang-froid, la vitesse peut être fatale à ceux qui la possèdent. Si l'adversaire que vous avez devant vous cède à la tentation, assez commune, de « tendre la perche », c'est-à-dire d'allonger le bras dans la direction de votre corps sans chercher à parer, vous vous jetterez infailliblement sur sa pointe, si vous êtes parti vite et inconsidérément.

Vous pourrez l'atteindre aussi ; mais le coup pour coup qui n'a, en salle, qu'une importance médiocre, peut être, sur le terrain, une véritable calamité.

Le but que vous vous proposez est certainement de toucher votre adversaire, mais la première condition à observer, c'est de n'être pas blessé ou tué

par lui et, surtout, de ne pas vous jeter vous-même
sur son fer.

Les attaques.

A la façon dont il a répondu à vos premières tentatives, vous devez vous être fait une opinion sur la
conduite que votre ennemi va probablement adopter
d'après son caractère, son tempérament, et sa connaissance des armes.

C'est sur cette appréciation que vous devez vous
régler pour le combattre. A-t-il tendu la perche ?
faites-lui une fausse attaque, mais dessinez-la vigoureusement, de façon à ce qu'il la juge vraie ;
s'il tend le bras de nouveau, faites-lui un battement
énergique et soutenu, et tirez soit au corps, soit sur
les avancées, c'est-à-dire la main, le bras, l'épaule
ou la jambe, en ayant soin de prendre l'opposition.
Tirez en jetant le coup et, ceci dit une fois pour
toutes, que votre attaque ait ou non réussi, retirez-
vous rapidement la pointe en ligne, en faisant travailler la main : c'est une recommandation excessivement importante. Défiez-vous de l'habitude que
l'on contracte assez facilement en salle de rester sur
le coup, cet arrêt pourrait vous être fatal. Un adversaire, même sérieusement blessé, peut encore vous
envoyer une riposte redoutable dont l'effet est d'au-

tant plus dangereux que vous êtes alors plus rap-
proché.

Votre ennemi a-t-il paré ou cherché à parer votre attaque ? Observez soigneusement la parade
qu'il semble affectionner et, sans vous départir de la
prudence que nous ne saurions trop vous recommander, guidez-vous là-dessus pour vos attaque ul-
térieures. Prend-il des oppositions ? En ce cas un
dégagement ou un « une deux », exécutés à propos,
ont grande chance de réussir. Mais n'oubliez pas
qu'il ne vous faut tirer que bien couvert pour éviter
le coup pour coup.

Si, au contraire, votre adversaire prend volontiers
un « contre », doublez-lui l'épée, toujours avec la même
prudence. S'il s'empare de votre fer et cherche à
vous forcer la main, un « coupé » avec opposition
ou même froissement en sixte, la main basse, a
grande chance de succès.

En général, les attaques simples sont les meilleures;
il est toujours préférable de tirer dessus ou dessous
que dedans les armes et il vaut mieux marcher en
avant que se fendre à fond, comme en salle.

Les parades.

Jusqu'ici nous avons supposé que votre adversaire
vous a laissé prendre l'offensive et s'est borné à parer tant bien que mal vos attaques.

Mais ce peut ne pas être le cas. Vous pouvez aussi avoir devant vous un ennemi qui, par caractère, par tempérament ou par calcul, s'empresse de vous attaquer. Il faut que vous ayez dans la main, toutes prêtes, pour ainsi dire, les parades à lui opposer.

En vous reportant à notre leçon, vous verrez que l'on compte huit parades simples qui, toutes, s'entremêlant avec des contres, forment une quantité respectable de parades composées. Les parades utiles, à l'épée, sont, en réalité, peu nombreuses. Ce sont, de préférence, la tierce pour la ligne haute sur les armes, la seconde pour la ligne du dessous, et la quinte pour la ligne du bas.

Vous êtes attaqué par un coup droit ou un dégagement sur les armes, vous parez tierce ou vous opposez sixte, suivant l'aptitude que vous avez pour l'une ou l'autre parade. Si vous avez rencontré franchement l'épée, ripostez ensuite sous les armes. Si votre parade est trompée, c'est-à-dire si vous ne rencontrez pas le fer adverse, revenez vite à la parade de quinte, et, aussitôt que vous trouvez l'épée, ripostez devant vous en jetant rapidement le coup, puis, comme nous l'avons déjà dit, rompez vivement, la pointe en ligne en faisant travailler la main.

Etes-vous, au contraire, attaqué dans la ligne basse dans les armes, parez quinte ou bien seconde, ce qui est meilleur, suivant nous.

La seconde est une parade que tout tireur d'épée devrait avoir complètement dans la main, car c'est, dans le combat, une des meilleures que nous connaissions. Vigoureuse, écartant avec violence le fer ennemi, elle permet de riposter avec avantage dans presque toutes les lignes et de se retirer vivement avant que l'adversaire ait repris son aplomb.

Si la seconde est trompée, revenez vivement à l'opposition de sixte, et ripostez dessous, où l'adversaire se trouve en ce moment complètement découvert.

Si vous avez devant vous un tireur d'une certaine force, il vous attaquera ou ripostera surtout par des dégagements, et s'il jugeait que vous ne cherchez à parer qu'avec des oppositions, il aurait vite fait de tenter un « une deux » qui aurait grande chance d'arriver. Il est donc indispensable d'entremêler vos parades, et de prendre quelquefois un contre, surtout dans la ligne du dedans ; si votre contre est trompé, c'est que l'adversaire vous a doublé l'épée par deux dégagements successifs dans la même ligne, parez alors quinte, et ripostez comme il est dit plus haut.

Conclusion.

Nous croyons devoir nous borner à ces quelques indications amplement suffisantes dans la presque généralité des cas. Nous étendre davantage serait, suivant nous, embarrasser inutilement nos lecteurs. Prudence, sang-froid, à-propos, voilà ce que nous leur recommandons.

Nous souhaitons que ces conseils, absolument pratiques et faciles à suivre par tous, leur permettent de sortir avec honneur et succès des rencontres dans lesquelles ils peuvent se trouver engagés.

II

THÉORIE DE LA MISE EN GARDE, EXPLICATION DES
FEINTES, DES ATTAQUES, ET DES HUIT PARADES

La mise en garde en sept temps et ses conséquences.

La mise en garde est la position préliminaire de
l'escrime. Il faut prendre une attitude militaire, faire
un demi à gauche, en conservant la position, les
pieds en équerre sans désunir les talons. Le bras
droit allongé doit tomber sur le côté et être détaché
du corps. Tenir enfin la pointe de l'épée à quelques
centimètres du sol, le bras gauche sur le côté sans
raideur, la main ouverte.

A ce moment élever l'épée à hauteur de figure, la
main légèrement tournée en quarte, c'est-à-dire le
pouce en dessus, le bras allongé.

2° Abaisser l'épée, le bras tendu, la pointe à vingt
centimètres du sol.

3° Ramener l'épée horizontalement contre les cuisses; les ongles en dessous ; amener en même temps la main gauche contre la garde, les doigts allongés touchant la lame, la paume de cette main en dessus.

4° Elever l'épée en ployant les bras et la placer horizontalement au dessus de la tête.

5° Fléchir les bras en les rapprochant de la tête, porter la main gauche en arrière, laisser retomber cette main en la cintrant, le pouce légèrement détaché des autres doigts, arrondir ce bras et descendre la main droite à la hauteur du sein gauche, le bras ployé à la saignée, le coude en dedans, détaché du corps, la pointe de l'épée à hauteur, et entre les deux yeux.

6° Fléchir sur les deux jambes, en écartant les genoux, le corps d'aplomb sur les hanches et légèrement porté sur la jambe gauche, afin d'être bien campé.

7° Porter le pied droit en avant, sans déranger la position du corps, ni celle de l'épée, à cinquante centimètres environ du talon gauche et sur la même ligne. Fléchir légèrement sur la jambe gauche pour avancer le genou droit, et faire en sorte qu'il devienne perpendiculaire au milieu du pied.

Le rassemblement est le retour à la position primitive, celle de la garde. Il s'exécute en avant, en ramenant le pied gauche près du droit, et en ar-

rière en reportant le talon droit près du gauche.
Le tireur se redresse alors complètement en tenant
toujours son arme tournée du côté de l'adversaire.

Pour les rassemblements ou marches en arrière,
il est indispensable de faire exécuter deux appels en
frappant le sol du pied droit. La raison est de faire
conserver au corps son aplomb et son immobilité.

Il faut s'attacher également à les exécuter dans
n'importe quel moment sans déranger la position
du corps.

Le déploiement du bras, qui vient ensuite, nécessite une grande précision.

Il convient d'allonger le bras sans saccades en
baissant l'épaule, le corps restant immobile, la
main en quarte, et faire monter la saignée du bras
et la pointe de l'épée à la hauteur de la figure.

Pour revenir à la première position, il suffit de
ployer l'avant-bras droit, également sans saccades,
puis de maintenir la poignée en faisant agir l'atta-
che du poignet et en tournant légèrement la main
en quarte.

Avoir soin de voir toujours au dessus du poignet
pour ne point perdre de vue la pointe de l'épée.

La feinte est le développement par lequel le tireur imprime à l'épée l'action la plus vigoureuse et
la plus étendue.

Elle s'exécute de la façon suivante :

Allonger le bras droit comme il est prescrit ci-dessus, tendre vivement le jarret gauche, porter en même temps le pied droit en avant et vis-à-vis du talon gauche, le pied passant près du sol ; poser le pied à plat, de manière que le genou soit en dehors et perpendiculaire au milieu du pied, le corps d'aplomb, et suivant l'impulsion en avant de la jambe même ; laisser tomber en même temps le bras gauche en arrière, le long de la cuisse, sans la toucher, les doigts de la main allongés et réunis, le pouce détaché, la tête droite et les yeux fixés sur la pointe de l'épée.

Pour reprendre la première position :

Ployer vivement le jarret gauche en relevant le bras gauche, le poids du corps portant sur le pied gauche. Raccourcir le bras droit et porter en même temps le pied droit à sa position en le posant à plat, sans frapper.

S'assurer de l'aplomb du corps, en se relevant, par des appels.

Après avoir exécuté le rassemblement, on doit saluer devant soi, en raccourcissant le bras, le coude au corps, la main à hauteur du menton, les ongles tournés vers le corps, pour abaisser ensuite l'épée en étendant le bras, à côté de la cuisse.

Un exercice excellent, et duquel on doit attendre les meilleurs résultats, est de marcher et de rompre le plus longtemps possible afin d'obtenir un aplomb parfait.

De temps à autre se fendre soit après avoir rompu ou marché, en ayant soin de bien conserver la position du corps et de se tenir sur la défensive ou prêt à l'attaque.

Le coup droit résulte du déploiement du bras, la ligne n'étant pas fermée. Il se fait de différentes manières, et l'épée peut être engagée dans n'importe quelle ligne.

Le coup droit peut se faire aussi sur les préparatifs de l'adversaire, à la condition qu'il sera exécuté avant son départ, autrement il deviendrait : coup d'arrêt.

Dans la ligne de quarte, c'est-à-dire dans les armes, on peut le parer, par une opposition de quarte, par une parade de quarte, par un froissement, par un contre de sixte, par la prime, et, par extension, par la prime coupée.

Pour la ligne basse on emploiera avec succès les parades de quinte et de seconde, la septime et septime enveloppée, enfin on pourra barrer l'octave.

Pour parer le coup droit sur les armes en quarte ou en sixte, il faut tenir la main en supination, à droite de celle de l'adversaire, et parer par une opposition de sixte, parade de tierce ou contre de quarte.

Quant à la ligne basse sous les armes, les principales parades sont celles de seconde et d'octave.

Il est bien entendu que chacune de ces parades a sa riposte.

En général, chaque fois qu'un tireur a paré et qu'il trouve, par conséquent, l'épée de son adversaire, il doit tendre le bras pour riposter, dans n'importe quelle ligne qu'il se trouve. C'est la riposte directe, c'est-à-dire riposte du tac.

S'il est trop éloigné, il lui faudra se fendre ; la riposte alors est dite: à temps perdu.

Nous ne parlerons pas des ripostes compliquées qui nous entraîneraient trop loin. Ce sont, dans la majeure partie des cas, des dégagements, une, deux, doublés, etc.

Pour parer les dégagements, les moyens à employer sont les mêmes que pour le coup droit. Tout consiste à rencontrer l'épée. Pour cela, il faut la chercher, et l'on n'obtient ce résultat qu'en plastronant beaucoup.

Nous ne saurions trop recommander une grande légèreté de main dans les parades. Trop de force fait souvent perdre la riposte.

Tout en leur donnant la violence nécessaire, il faut soutenir le coup, et surtout garder la pointe en ligne, afin de riposter immédiatement dans la direction, sans qu'il soit besoin d'y ramener la pointe de l'épée.

La riposte du tac est celle qui suit l'attaque ; et,

dans la même ligne, celle du tac au tac est celle qui suit la riposte.

Pour nous, lorsqu'un élève est de force pour l'assaut, il ne doit, autant que possible, parer qu'à la finale.

Par ce moyen, toute attaque compliquée se trouve forcément réduite au coup le plus simple.

Le tireur qui attaque ne doit pas agir par contraction, il ne doit se fendre qu'avec connaissance de cause, et lorsqu'il est à peu près sûr du succès.

Le dégagement.

Le dégagement est un changement de ligne, sur une petite pression de l'adversaire, suivi d'un coup droit.

Pour l'exécuter, il faut baisser la pointe de l'épée en faisant agir les doigts, puis passer par la ligne la plus courte, en dessous de l'épée, tout en soutenant l'opposition, la main en quarte pour éviter les coups doubles.

Nous ne saurions trop recommander la feinte du coup droit, qui influence presque toujours l'adversaire. L'esprit de conservation jouant un très grand rôle en matière d'escrime, le tireur menacé fait presque toujours une opposition qui le découvre et permet de tirer avec succès.

La feinte est le simulacre du coup même ; elle doit être faite de telle sorte, qu'étant prise pour le coup définitif, elle nécessite une parade quelconque.

On doit, par conséquent, l'exécuter en se tenant prêt à tromper toutes parades prises, soit par une autre feinte, soit par un coup définitif.

La feinte d'un coup quelconque s'exécute comme le coup même, mais sans se fendre et seulement en déployant le bras.

La pression est la poussée plus ou moins légère de la pointe sur la pointe, pour ébranler l'épée opposée et porter plus facilement le coup, en forçant l'adversaire à répondre.

Dans la plupart des cas, la pression oblige l'adversaire inactif à répondre au fer.

Le battement est une parade sèche pour ébranler l'épée adverse.

Pour porter plus facilement l'attaque, les battements se font sur la tension du bras de l'adversaire. Ils rendent bien des services et ont fort souvent pour but d'empêcher l'attaque.

Le froissement est une parade en glissant sur le fer. Il faut avoir soin de ne pas trop forcer la ligne, car il en résulterait des coups doubles. Le froissement achevé, le bras doit être tendu et la pointe de l'épée touchant presque la poitrine de l'adversaire.

Le coupé n'est qu'un dégagement par dessus la

pointe. Il s'exécute en élevant la pointe de l'épée, la main tournée, les ongles en dessus. Les doigts seuls doivent agir pour passer la pointe le plus près possible de celle de l'épée de l'adversaire. Avoir soin de prendre l'opposition en tendant le bras.

Le dérobement de l'épée.

Le dérobement est l'attaque opérée à la faveur du passage de l'épée de la ligne haute à la ligne basse.

Cette attaque peut s'exécuter après une feinte, un battement ou une opposition. A ce moment, baisser la pointe de l'épée, exécuter ainsi le dérobement, puis se fendre, et toucher ainsi dans la ligne basse en élevant le plus possible la main, qui doit être en quarte.

Le liement.

Le liement est l'action par laquelle on oppose le fort de son épée dans le faible de celle de l'adversaire, pour la ramener dans la ligne haute ou dans la ligne basse, suivant qu'on se trouve engagé en quarte ou en sixte.

Le tireur prendra la parade d'octave pour ramener en quarte, ou bien la septime enveloppée pour

ramener à la position de sixte ; puis déployer le bras
pour toucher dans la ligne haute ou basse, suivant
l'opposition de l'adversaire.

La feinte du liement.

La feinte du liement s'exécute comme le liement
même, mais de pied ferme, et à la condition d'avoir
le bras tendu lorsque, dans cette position, on rencontre une forte résistance de l'adversaire.

La remise.

La remise est une attaque exécutée sur une absence de l'épée adverse, après la parade. Elle se produit surtout après une attaque parée et lorsque l'adversaire n'a point riposté.

La remise doit être faite, la pointe de l'épée au
corps de l'adversaire, sans se relever, en ayant surtout bien soin de toucher droit.

La remise intelligente est à la riposte ce que le
coup de temps est à l'attaque.

De la reprise, du redoublement, etc.

La *reprise* est un renouvellement de l'attaque. Elle ne peut être exécutée que fendu, et lorsqu'on a repris l'épée adverse sur une parade sans riposte.

Le *redoublement* est la succession de deux attaques, le tireur s'étant relevé, n'ayant point reçu de riposte, et attaquant à nouveau.

En prenant l'attaque, il faut, sans se relever, essayer de toucher.

Le *coup de temps* est une attaque qui surprend l'adversaire au milieu de ses préparatifs.

Ainsi, sur une absence d'épée, une feinte trop large ou une attaque directe dans la ligne basse, il convient de se fendre à fond. La rapidité du coup surprendra l'adversaire bien avant qu'il ait eu le temps de reprendre une position défensive.

Le coup de temps est un mouvement unique, formant à la fois parade et riposte.

Au demeurant, il consiste à prévenir son adversaire dans l'exécution finale de son attaque composée en lui fermant la ligne.

Il est préférable de prendre le coup de temps dans

la ligne de dessus, parce qu'il expose moins aux coups doubles.

Lorsqu'on est bien familiarisé avec les engagements, les attaques, les parades et les ripostes, il est bon de s'initier et de s'exercer aux différents coups de temps.

Le *coup d'arrêt* est l'attaque exécutée au moment où l'adversaire prononce lui-même une attaque en marchant.

C'est le coup de temps pris au moment de la marche de l'adversaire.

La *parade* consiste à détourner du corps un coup porté d'une façon quelconque.

Le tireur doit frapper le faible de l'épée adverse avec le fort de la sienne par un petit coup sec, sans prendre de champ, ce qui lui ferait perdre du temps et le découvrirait.

La parade du tac doit repousser l'épée adverse dans la ligne où elle se présente.

Le *contre* est une parade, mais dans le sens opposé ; le tireur vient chercher l'épée de son adversaire pour la jeter dans l'autre ligne. Le contre est une sorte de parade circulaire.

L'*opposition* est la parade spéciale qui chasse l'épée en l'accompagnant, c'est-à-dire en la détournant sans secousse et par la seule action du poignet.

Il y a huit parades, qui chacune ont leur contre,

ce sont : la prime, la seconde, la tierce, la quarte, la quinte, la sixte, la septime et l'octave.

Les parades de seconde et d'octave se font à droite et dans la ligne basse.

Celles de tierce et de sixte se font à droite et dans la ligne haute.

Celles de quarte et de prime se font à gauche et dans la ligne haute.

Enfin, celles de quinte et de septime se font à gauche et dans la ligne basse.

La parade de prime.

Sur un coup tiré dans les armes à gauche du tireur, il faut, pour exécuter la parade de prime, tourner la main, les ongles en avant, le dos de la main en face de la figure, puis lever le coude en ployant la saignée et en plaçant l'avant-bras horizontalement. Le poignet doit être alors au-dessus de l'œil gauche, et la pointe de l'épée menaçant la ligne basse tout en se tenant prêt à prendre le contre de prime. Enfin lever la pointe de l'épée et la ramener dans la position indiquée plus haut en passant par-dessus celle de l'adversaire.

La parade de seconde.

Pour la parade de seconde, sur un coup tiré dans dans la ligne basse, baisser le poignet et le porter de gauche à droite en tournant la main, les ongles en dessous, l'avant-bras, le poignet et l'épée dans la position horizontale.

Dans cette position, pour prendre le contre de seconde, sur un coup dans la ligne basse, lever la pointe de l'épée et la ramener dans la position en passant par-dessus l'épée adverse.

La parade de tierce.

Sur un coup tiré dans la ligne de droite, porter la main à droite, les ongles en dessous, en faisant agir l'articulation du poignet, et placer la pointe de l'épée à hauteur et vis-à-vis de l'œil droit.

Pour prendre le contre de tierce, lorsqu'on est dans la position ci-dessus, et sur un coup tiré dans la ligne de gauche, il faut baisser la pointe de l'épée et la ramener à la première position en passant par-dessous l'épée opposée.

La parade de quarte.

Pour cette parade, sur un coup tiré dans la ligne de gauche, porter légèrement la main à gauche, le pouce en dessus, faire mouvoir le poignet seulement, et placer la pointe de l'épée à hauteur et vis-à-vis des yeux.

Dans cette position, pour prendre le contre sur un coup tiré dans la ligne de droite, baisser la pointe de l'épée et la ramener dans la position primitive en passant par-dessous l'autre.

La parade de quinte.

Pour la parade de quinte, sur un coup tiré dans la ligne de gauche, tourner la main, les ongles en dessous, baisser le poignet en croisant l'épée adverse pour la rabattre dans la ligne basse, l'avant-bras, le poignet et l'épée dans une position horizontale et transversale par rapport au corps.

Pour prendre le contre de quinte sur un coup tiré dans la ligne droite, lever la pointe de l'épée et la ramener à la position première en passant par-dessus l'épée opposée.

La parade de sixte.

Cette parade sur un coup tiré droit dans la ligne droite oblige le tireur à porter la main à droite, et en quarte, les ongles en dessus. Faire agir ensuite l'articulation du poignet et placer la pointe de l'épée à hauteur et en face de la figure.

Dans cette position, pour prendre le contre de sixte sur un coup tiré dans la ligne de gauche, baisser la pointe de l'épée et la ramener à la première position en passant par-dessous l'épée adverse.

La parade de septime.

Sur un coup tiré dans la ligne basse baisser la pointe de l'épée en lâchant légèrement les derniers doigts de la main et passer dessous le poignet de l'adversaire, en tournant la main, les ongles en dessus. Le poignet doit exécuter alors un mouvement de droite à gauche tout en se maintenant à hauteur de figure.

Le tireur étant dans la position prescrite pour prendre le contre de septime sur un coup tiré dans la ligne basse, lèvera la pointe de l'épée pour la ramener à la position première en passant par-dessus l'épée de son adversaire.

La parade d'octave.

Pour cette parade, sur un coup tiré dans la ligne basse, placer son épée au-dessous du poignet de l'adversaire, en tournant les ongles en dessus, le poignet restant à la même hauteur.

Etant dans la position ci-dessus, pour prendre le contre sur un coup tiré dans la ligne basse, lever la pointe de l'épée pour la ramener à sa précédente position en passant par-dessus l'épée opposée.

Il est de toute utilité de connaître tous les rouages d'une machine, avant d'en faire usage.

De même pour l'escrime.

Aucun des détails qui semblent de peu d'importance ne doit être négligé par le tireur digne de ce nom.

Chaque coup doit être raisonné d'une façon spéciale.

Il faut tout connaître, afin de choisir ensuite, quand l'occasion se présentera, le moyen le plus efficace et le moins hasardeux surtout, pour arriver à toucher l'adversaire.

Presque toutes les méthodes sont admises en escrime. On peut même dire que les plus anciennes ne diffèrent pas sensiblement de celles mises en pratique aujourd'hui, et que cela revient toujours au même.

D'anciens maîtres ont donné d'excellentes leçons et laissé de nombreuses traces de leur enseignement.

Pour nous, il n'y a pas de règles absolues, surtout pas de routine. Nous ne comprenons pas l'enseignement qui fait de l'élève une machine et du professeur un ressort.

Il est donc nécessaire de varier les leçons suivant les personnes, les besoins ou les circonstances. Que l'élève soit toujours sur le qui-vive, soit pour la défense, soit pour l'attaque, qu'il puisse exécuter des parades et des ripostes dans toutes les lignes, et puisse faire ce qu'on appelle une phrase d'épée, et nous déclarerons que la méthode employée était bonne.

L'à-propos est une qualité intellectuelle qui ne s'acquiert que par le travail, et qui est de la plus plus grande importance. Aucune méthode ne saurait en donner des règles exactes.

Un élève qui désire devenir un beau tireur doit laisser tout amour-propre de côté, et ne pas chercher le coup de bouton.

En escrime, la violence est une faiblesse, la précipitation une faute, la prudence une qualité.

Il s'agit donc de s'exercer à se posséder, à ne faire que des coups réguliers. Le sang-froid et l'à-propos, après les exercices pratiques, sont les plus belles qualités que l'on puisse souhaiter au tireur. Suivre pas à pas la leçon, tirer, se relever, parer et riposter. C'est le seul moyen d'acquérir l'expérience nécessaire.

Par une succession de coups portés et rendus, par des attaques et par des coups simples ou composés, etc., on résume les premiers principes, qui sont, après la garde et le développement, la base essentielle de l'escrime, et l'on arrive progressivement à l'assaut.

Nous connaissons un grand nombre d'amateurs à qui l'on reproche avec raison de parer par contraction.

C'est là un défaut grave, et qui vient de ce que le tireur attaqué ne se possède pas assez.

Le plus souvent, c'est qu'il a reconnu la supériorité de son adversaire ; alors il fait de suite plusieurs parades au hasard sans riposter dans l'espoir de rencontrer le fer, et de s'épargner le désagrément du coup de bouton.

On fait des armes pour l'art ou pour la galerie.

En évitant le coup de bouton on plaît davantage à la galerie où les amateurs sont toujours plus nombreux que les connaisseurs.

Les deux choses sont, je le sais, difficiles à concilier ; pourtant nous préconiserons toujours le jeu régulier.

D'après les règles, et d'après la logique également, on doit, après avoir paré, faire une petite pose imperceptible, pour s'assurer de la position de l'adversaire et pouvoir riposter avec assurance.

Après une parade, le tireur attaqué fait toujours un petit mouvement à droite ou à gauche pour chercher à reprendre la ligne ; c'est ce moment qu'il s'agit de saisir pour riposter.

La contraction est le plus souvent imputable au tireur qui attaque. Il complique à plaisir, sans se rendre compte de l'attitude du tireur qu'il a devant lui. Il fait au hasard *une deux, une deux trois doublé*, etc., et tombe finalement dans le fer, ne pouvant mener son attaque à bonne fin, son adversaire ne lui ayant pas livré passage.

S'il se possédait davantage, il n'attaquerait qu'à bon escient, c'est-à-dire subordonnerait son jeu au jeu opposé.

Un jeu n'est régulier que lorsque les deux adversaires sont calmes et maîtres d'eux.

Laisser toute vanité de côté est un excellent moyen d'apprendre à bien faire.

Il peut néanmoins se rencontrer des cas où l'on ne peut se laisser toucher sans compromettre sa réputation. C'est alors une affaire de tact, qu'il convient de régler suivant le public.

Un grand défaut, qu'il est utile de signaler, consiste à parer avec le bras, lequel, le plus souvent, reçoit le coup. Alors on dit : touché au bras, ce qui, d'après l'usage, veut dire que le coup ne compte pas, qu'il est mauvais. C'est le plus souvent une erreur : si l'épée avait été pointue elle aurait traversé le bras et vraisemblablement aurait atteint le corps.

Nous sommes d'avis qu'il conviendrait de compter tous les coups qui sont dans la ligne.

Un tireur bien campé, et d'aplomb sur les hanches, ne peut parer qu'avec l'épée, ce qui est seul régulier.

On peut aussi parer en faisant un pas en arrière, mais sans se sauver.

Pour nous résumer, et pour concilier les différents moyens employés, nous dirons qu'une tenue irréprochable, un jeu régulier enfin, obtiendront toujours l'assentiment d'un public amateur, et quelques coups de boutons ne prévaudront pas dans le monde de l'escrime contre la régularité du jeu d'un tireur.

III

En publiant cette leçon je n'ai pas la prétention de produire quelque chose de nouveau.

C'est, uniquement, un guide pour les élèves et pour ceux qui voudraient s'essayer au professorat.

Les maîtres d'armes sont bien obligés de donner à peu près le même enseignement, et que l'on commence par la gauche ou par la droite, ce sont toujours des dégagements, des battements, des pressions, etc.

Nous recommanderons seulement à ceux qui en voudraient faire usage, de ne la suivre exactement que pour les commençants.

Il est préférable de faire diversion et de mêler les reprises, une fois les élèves un peu dégrossis.

On s'exposerait sans cela à voir les tireurs contracter l'habitude de faire toujours tel coup après telle feinte, et ainsi de suite.

En donnant la leçon d'une façon irrégulière une fois l'élève parvenu à une certaine force, on éveillera chez lui la méfiance ; il se gardera mieux.

Pour nous résumer, disons que la leçon doit être donnée suivant le tempérament et les aptitudes de l'élève, et que c'est au professeur à juger dans quelle mesure il doit s'étendre sur l'une ou l'autre des parties de cet art difficile entre tous.

PREMIÈRE LEÇON

Engagez l'épée de quarte, tendez le bras, tirez droit, en garde.

Engagez l'épée de sixte, tendez le bras, tirez droit, en garde.

Engagez l'épée de quarte, tendez le bras, tirez droit, opposez quarte en vous relevant, en garde.

Engagez l'épée de sixte, tendez le bras, tirez droit, opposez sixte en vous relevant, en garde.

Engagez l'épée de quarte, pressez l'épée, tirez droit, en garde.

Engagez l'épée de sixte, pressez l'épée, tirez droit, en garde.

Engagez l'épée de quarte, pressez l'épée, tirez droit, opposez quarte en vous relevant, en garde.

Engagez l'épée de sixte, pressez l'épée, tirez droit, opposez en vous relevant, en garde.

Engagez l'épée de quarte, battement, tirez droit, en garde.

Engagez l'épée de sixte, battement, tirez droit, en garde.

Engagez l'épée de quarte, sur mon changement, tirez droit, en garde.

Engagez l'épée de sixte, sur mon changement, tirez droit, en garde.

Engagez l'épée de quarte, marchez un pas, tirez droit, en garde.

- Engagez l'épée de sixte, marchez un pas, tirez droit, en garde.

Engagez l'épée de quarte, rompez, deux appels et, sur ma marche, tirez droit, en garde.

Engagez l'épée de sixte, rompez, deux appels et, sur ma marche, tirez droit, en garde.

Engagez l'épée de quarte, dégagez, tirez droit, en garde.

Engagez l'épée de sixte, dégagez, tirez droit, en garde.

Engagez l'épée de quarte, marchez un pas, tirez droit. Parez quarte en vous relevant, et ripostez la main en quarte, en garde.

Engagez l'épée de sixte, marchez un pas, tirez droit, parez sixte, en vous relevant, et ripostez la main en quarte, en garde.

Engagez l'épée de quarte, dégagez dessus et, tirez droit, opposez en vous relevant, et redoublez l'attaque dans la même ligne, en garde.

Engagez l'épée de sixte, dégagez dans les armes, et tirez droit, opposez quarte en vous relevant, et redoublez l'attaque dans la même ligne, en garde.

Engagez l'épée de quarte, pressez l'épée, marchez un pas, et dégagez dessus, tirez à fond, en garde.

Engagez l'épée de sixte, pressez l'épée, marchez un pas et dégagez dans les armes, tirez à fond, en garde.

Engagez l'épée de quarte, battement, dégagez sur les armes, tirez à fond, en garde.

Engagez l'épée de sixte, battement, dégagez dans les armes, tirez à fond, en garde.

Engagez l'épée de quarte, battement, dégagez, parez sixte en vous relevant, et ripostez dessous, en garde.

Engagez l'épée de quarte, coupez dessus les armes, en garde.

Engagez l'épée de quarte, coupez, dégagez dans les armes, en garde.

Engagez l'épée de quarte, coupez une deux, en garde.

Engagez l'épée de quarte, rompez, deux appels et, sur ma marche, tirez droit, parez le contre de sixte en vous relevant, et ripostez.

Engagez l'épée de sixte, rompez, deux appels et, sur ma marche, tirez droit, parez le contre de quarte en vous relevant et, ripostez de quarte, rompez, deux appels, marchez un pas, tirez droit, en garde.

Engagez l'épée de sixte, rompez, deux appels, marchez un pas, tirez droit, en garde.

Engagez l'épée de quarte, marchez un pas, engagez en sixte, marchez un pas, rompez, deux appels, marchez, tirez droit, en garde.

Engagez l'épée de sixte, marchez un pas, engagez en quarte, marchez un pas, rompez, deux appels, marchez, tirez droit, en garde.

Engagez l'épée de sixte, rompez, deux appels, marchez un pas, tirez droit, en garde.

Engagez l'épée de quarte, tirez droit et restez fendu, en garde, levez la main droite, l'épée dans le prolongement du bras, et laissez tomber la main gauche sur le côté, rassemblez en arrière en rapportant le pied droit près du gauche, saluez devant vous en baissant le bras de toute sa longueur, en tournant la main, les ongles en dehors.

DEUXIÈME LEÇON

Engagez l'épée de quarte, battement, tirez droit, en garde.

Engagez l'épée de sixte, battement, tirez droit, en garde.

Engagez l'épée de quarte, battement, dégagez, tirez à fond, en garde.

Engagez l'épée de sixte, battement, dégagez, tirez à fond, en garde.

Engagez l'épée de quarte, battement, une deux, tirez à fond, en garde.

Engagez l'épée de sixte, battement, une deux, tirez à fond, en garde.

Engagez l'épée de quarte, battement, une deux, rompez, tirez à fond, en garde.

Engagez l'épée de sixte, battement, une deux, rompez, tirez à fond, en garde.

Engagez l'épée de quarte, battement, une deux, rompez, dégagez, tirez à fond, en garde.

Engagez l'épée de sixte, battement, une deux, rompez, dégagez, tirez à fond, en garde.

Engagez l'épée de quarte, battement, une deux trois, rompez, tirez à fond, en garde.

Engagez l'épée de sixte, battement, une deux trois, rompez, tirez à fond, en garde.

Engagez l'épée de quarte, battement, doublez dessus, dédoublez dedans les armes, tirez à fond, en garde.

Engagez l'épée de sixte, battement, doublez dedans les armes, dédoublez dessus, en garde.

Engagez l'épée de quarte, coulez, dégagez, parez le contre de sixte en vous relevant, et ripostez.

Engagez l'épée de quarte, tirez droit, en garde.

Engagez l'épée de sixte, tirez droit, en garde.

Engagez l'épée de quarte, une deux, tirez à fond, en garde.

Engagez l'épée de sixte, une deux, tirez à fond, en garde.

Engagez l'épée de quarte, doublez dessus, tirez à fond, en garde.

Engagez l'épée de sixte, doublez dedans, tirez à fond, en garde.

Engagez l'épée de quarte, pressez l'épée, marchez un pas, une deux, tirez à fond, en garde.

Engagez l'épée de sixte, pressez l'épée, marchez un pas, doublez, tirez à fond, en garde.

Engagez l'épée de sixte, marchez un pas, une deux, rompez, tirez à fond, en garde.

Engagez l'épée de quarte, rompez, deux appels et, sur ma marche, tirez à fond, en garde.

Engagez l'épée de quarte, marchez un pas, et coupez dessus, en garde.

Engagez l'épée de quarte, pressez l'épée, marchez un pas, coupez une deux, tirez à fond, en garde.

Engagez l'épée de quarte, rompez, deux appels, tirez à fond, en garde.

Engagez l'épée de sixte, doublez, tirez à fond, en garde.

Engagez l'épée de quarte, tirez à fond, en garde.

Engagez l'épée de sixte, tirez à fond, en garde..

Engagez l'épée de quarte, marchez un pas, deux appels, tirez à fond, en garde.

Engagez l'épée de sixte, rompez, deux appels, et tirez à fond, en garde.

Engagez l'épée de quarte, double engagement, marchez, et tirez à fond, en garde.

Engagez l'épée de sixte, double engagement, marchez, tirez à fond, en garde.

Engagez l'épée de quarte, double engagement, marchez un pas, rompez, deux appels et, sur ma marche, tirez à fond, en garde.

Engagez l'épée de quarte, à ma pression dégagez, tirez dessus, opposez sixte en vous relevant, et redoublez l'attaque dessus, tirez à fond, en garde.

Engagez l'épée de sixte, rompez, le contre de sixte, tirez à fond, en garde.

Engagez l'épée de quarte, battement par le contre dans la ligne, opposez dessus, tirez à fond, en garde.

Engagez l'épée de quarte, double engagement en marche, tirez à fond, en garde.

Engagez l'épée de quarte, battement par le contre dans la ligne, opposez une deux, tirez sur les armes, en garde.

Engagez l'épée de quarte, doublez en marchant, tirez à fond, en garde,

Engagez l'épée de sixte, une deux, rompez, deux appels, et sur ma marche, tirez à fond, en garde.

Engagez l'épée de quarte, double engagement, rompez, deux appels, marchez un pas, dégagez, tirez à fond, en garde.

Engagez l'épée de sixte, rompez, deux appels, marchez, tirez à fond, en garde.

Engagez l'épée de quarte, feinte du coup droit, dégagez, tirez à fond, en garde.

Engagez l'épée de quarte, deux appels, levez la main droite, laissez tomber la main gauche sur le côté, rassemblez en arrière en reportant le pied droit près du gauche, et saluez devant vous.

La leçon technique étant très aride, nous éviterons de la donner entièrement ici, ce qui, du reste, nous semble assez inutile.

Nos lecteurs comprendront parfaitement que dans nos deux premières leçons, à la publication desquelles nous nous bornons, ils trouveront à peu près tous les coups usités en escrime, sauf quelques complications à la portée seulement d'un petit nombre de tireurs émérites, et dont il sera facile de se rendre compte par la leçon de ripostes.

Un des meilleurs conseils que nous puissions donner est celui-ci : Il vaut beaucoup mieux travailler la main que les jambes ; le pied part presque toujours trop tôt et cela fait un tort énorme aux tireurs ; nous, professeurs, ne manquons pas de le répéter du matin au soir à nos élèves ; c'est, cependant, par ce départ précipité du pied que les attaques manquent de précision, tandis que, par le défaut d'exercice de la main, les parades manquent de vitesse et d'à-pro-pos.

Donc, travaillons la main, surtout la main et toujours la main ; nous nous en trouverons bien.

Leçon de Ripostes.

Engagez l'épée de quarte, parez septime et ripostez sans vous fendre.

Engagez l'épée de tierce, parez octave et ripostez sans vous fendre.

Engagez l'épée de quarte, contre de quarte, parez septime et ripostez sans vous fendre.

Engagez l'épée de tierce, contre de tierce, parez octave et ripostez sans vous fendre.

Engagez l'épée de quarte, contre de quarte, parez septime et quarte sans vous fendre.

Engagez l'épée de tierce, parez seconde et tierce et ripostez sans vous fendre.

Engagez l'épée de quarte, contre de quarte, parez septime et quarte, fendez-vous, parez seconde en vous relevant, et rentrez la main de seconde.

Engagez l'épée de quarte, dégagez dessus, serrez l'épée en vous relevant, parez, coupez et ripostez sans vous fendre.

Engagez l'épée de quarte, contre de quarte, coupez dessus.

Engagez l'épée de quarte, contre de quarte, coupez dessus, ripostez seconde, étant fendu, parez tierce en vous relevant et rentrez la main de tierce.

Engagez l'épée de quarte, contre de quarte, coupez dessus et dégagez dedans, parez quarte en vous relevant, et rentrez la main de quarte, parez tierce et rentrez la main de tierce, en garde.

V

HISTOIRE DE L'ESCRIME DEPUIS SON ORIGINE

AVANT-PROPOS

Considérée dans son acception la plus large, l'escrime est l'art de manier des armes blanches de la façon la plus avantageuse, soit pour l'attaque, soit pour la défense ; mais, le plus souvent, on donne à ce mot un sens tout spécial, en l'appliquant exclusivement au jeu de pointe. Il est fort difficile d'assigner une date à la naissance de cet art. Le besoin de se défendre ou d'attaquer, pour se procurer les objets nécessaires à la vie, ou pour servir ses passions, a été l'une des grandes préoccupations de l'homme ; de là, l'invention des armes. Peu à peu, l'emploi de ces armes devint familier et l'appréciation du jeu le plus avantageux amena tout naturellement à l'établissement de principes qui devaient en faire un art spécial : *l'Escrime.* Ces principes durent, sans nul doute, varier selon les diverses transformations qu'eurent à subir les armes blanches, car il est évident que le maniement du glaive, dont se servaient les Grecs et les Romains, et dont la longueur variait entre 0, 42 et 0, 50, ne pouvait être le même que celui de la flamberge de nos pères, ou même que celui de notre épée de combat, dont la longueur peut atteindre 0,86.

Les maîtres d'escrime jouissaient chez les Romains d'une grande considération. Ils étaient spécialement chargés d'instruire les gladiateurs qui devaient descendre dans l'arène, et d'enseigner aux légionnaires la partie de leur art qui pourrait être utile à chaque arme.

En France, où l'amour des combats singuliers fut poussé jusqu'à la folie, l'escrime ne pouvait manquer d'être cultivée d'une façon toute spéciale ; on lui donna le nom de *noble science.* Bien longtemps, cependant, la force musculaire et l'équitation jouèrent le principal rôle en escrime. La longueur et le poids de la rapière, dont on usait encore au commencement du règne de Louis XIII, nécessitaient des efforts qui rendaient le jeu de l'épée extrêmement pénible, et souvent dangereux. Aussi, cette arme ne fut-elle longtemps que purement agressive. Le combattant était obligé de se servir de la main gauche, armée d'une dague, pour parer les coups qui lui étaient portés. L'enseignement de l'escrime à cette époque différait donc complètement de celui qui est usité dans nos salles d'armes. L'adoption d'une épée plus légère donna naissance à un nouveau jeu, et, par suite, à de nouvelles règles. C'est en Espagne qu'eut lieu cette réforme de l'art de l'escrime ; de là, elle passa en Italie, où elle reçut des perfectionnements considérables, et ne tarda pas à trouver en France des maîtres accomplis. Mais l'escrime était encore surchargée de principes d'une complication difficile à saisir et d'une exécution pénible.

C'est à La Boëssière, et à son élève, le chevalier de Saint-Georges, que revient l'honneur d'avoir dégagé l'escrime des difficultés qui en rendaient l'étude si pénible, et posé des principes qui en ont fait une véritable science ; l'escrime est, en effet, une science soumise à certaines lois nettement déterminées, et d'un enchaînement mathématique. Ce serait une erreur profonde de croire que le hasard joue dans l'escrime un grand rôle ; un tireur sérieux obéit, dans l'assaut et sur le terrain, à des règles fixes ; ses coups, comme ses parades, ont leur raison d'être et une logique inflexible.

I

L'escrime a un double but : l'attaque et la défense.
Il ne s'agit pas seulement en effet d'atteindre son
adversaire ; il faut aussi et avant tout se protéger.
Là est la grande supériorité de l'école française sur
l'école italienne. Cette dernière est surtout agressive. Elle prodigue les changements de main ; l'épée
voltige comme un sabre ou un bâton ; le coup est
porté de bas en haut ou de haut en bas ; mais, par
suite de ces évolutions, la poitrine du tireur n'est
plus couverte et se trouve à la merci de l'adversaire
qui a quelque sang-froid : l'épée ne doit donc jamais
abandonner la garde protectrice pour se livrer à des
écarts exagérés. Un autre principe de l'école française est de considérer le coup porté à l'adversaire
comme ne devant pas aboutir. On doit prévoir la
riposte qui sera tentée et préparer à l'avance la
parade qu'on lui opposera. Tout coup, quel qu'il
soit, a sa parade. Certains tireurs ont recours à un
jeu très compliqué, mais dont le moindre inconvénient est d'être plus dangereux pour celui qui porte
le coup que pour son adversaire. Si le tireur a recours à des coups trop compliqués, il est souvent
obligé d'abandonner sa garde naturelle, et s'expose,

par conséquent, à des ripostes terribles. La plupart de ces coups sont, du reste, relégués dans les salles d'armes. Sur le terrain, le coup droit et le dégagé sont presque seuls employés : les coupés, coupés dégagés, liements, etc. étant considérés comme trop dangereux.

Ces principes généraux posés, nous allons étudier successivement les diverses leçons d'escrime.

Le premier exercice consiste à se mettre en garde et à se développer. Pour se mettre en garde, c'est-à-dire dans la posture la plus propre à l'attaque et à la défense, il faut prendre la poignée du fleuret avec la main droite, le pouce à plat sur la poignée, les angles des autres doigts faisant face à gauche. Il est inutile de serrer l'arme dans la main ; il faut, au contraire, ne la tenir qu'avec le pouce et l'index, les trois autres doigts ne devant servir qu'à élever ou à abaisser la pointe du fleuret, sans être obligé de remuer le bras. On doit ensuite fléchir les genoux, porter le poids du corps sur la jambe gauche, lever le pied droit, le porter en avant, de la longueur de deux semelles environ, en frappant la terre pour bien assurer sa position ; le talon droit doit être en face du pied gauche, les deux pieds formant l'équerre. On porte en même temps la main gauche en arrière, à hauteur de l'épaule, le bras arrondi avec grâce, et la main à demi ouverte. Pour le bras droit, on doit avoir le coude au corps, sans raideur,

le poignet couvrant le sein, et la pointe de l'épée
à hauteur de l'œil. Les épaules doivent être bien
effacées, c'est-à-dire ne se présenter que de profil à
l'adversaire, qui ne pourra dès lors atteindre que le
côté droit. Le corps doit être droit, d'aplomb sur les
hanches, la tête haute et les pieds posés à plat. Les
genoux légèrement ployés, la jambe droite verticale, et la cuisse presque horizontale.

II

Le développement consiste dáns l'extension
donnée à la garde pour frapper son adversaire.
Pour se développer ou se fendre, on élève la main
très haut en abaissant l'épaule, on ouvre les deux
derniers doigts en tournant les ongles en dessus, la
jambe gauche se tend très rapidement comme un
ressort ; le pied droit rase la terre et la jambe tombe
toujours dans la même position, le genou perpendiculaire à la cheville ; la main gauche s'abaisse le
long de la cuisse, sans y adhérer, le corps étant
vertical, pour accélérer la retraite. Ces mouvements
doivent s'exécuter sans secousse et simultanément,
de même qu'il faut se relever d'un seul temps et se
retrouver en garde comme avant le développement.
Au moment où l'on est fendu, le pied gauche doit

toujours être à plat, autrement, on s'exposerait à perdre l'équilibre.

Selon les besoins de l'attaque ou de la défense, le tireur est quelquefois forcé de rompre ou de marcher ; pour rompre, c'est-à-dire s'éloigner de son adversaire, il doit reculer le pied gauche, puis, toujours en rasant le sol, reculer le pied droit en ayant soin de conserver la position de la garde ; pour marcher, c'est-à-dire pour se rapprocher de son adversaire, il avance d'abord le pied droit de la longueur d'une semelle environ, puis, immédiatement, le pied gauche ; en avançant, il doit conserver la position de la garde.

Pour marcher comme pour rompre, il faut avoir le soin de bien marquer deux temps ; *une* pour mouvoir une jambe, *deux*, pour rapprocher l'autre. Ces deux mouvements peuvent être très précipités, mais il faut faire bien attention de ne pas rompre en sautant ; certains tireurs s'imaginent se mettre ainsi plus vite hors d'atteinte, mais ils s'exposent ainsi à perdre l'équilibre et à s'attirer de terribles ripostes.

Il ne faut jamais marcher sur son adversaire que lorsque, pressé par votre fer, il se trouve forcé de rompre, vous rattrapez alors vos distances. Il ne faut également rompre que lorsque l'adversaire a marché sur vous et que les deux épées se trouvent trop engagées, ou par feinte, c'est-à-dire pour tromper son adversaire, lorsqu'il se fend, afin de revenir brusquement aussitôt après la parade, l'attaquer à son tour par un coup de riposte.

En termes d'escrime, on donne le nom de lignes aux diverses positions de l'épée engagée. On appelle *ligne du dedans* la position de l'épée contre le côté gauche de l'arme ennemie ; *ligne du dehors*, celle qu'elle occupe du côté droit. Si la pointe est plus haute que la main, c'est la *ligne du haut*, si le contraire a lieu, c'est la *ligne du bas*. De là naissent des combinaisons qu'on désigne sous les noms de *ligne du dedans du haut*, du *dehors haute dessus* du *dedans bas*, et du *dehors dessous*. Ces diverses positions prennent les noms de *prime*, de *seconde*, de *tierce*, de *quarte*, de *quinte*, de *sixte*, de *septime* et *d'octave*, et renferment tous les coups qui servent à l'attaque, à la parade et aux feintes.

L'attaque est le coup que tente le tireur pour frapper son adversaire ; on l'appelle franche, si elle est faite sans provocation ; motivée, si elle est amenée par les mouvements de l'adversaire. Faite de pied ferme, en réponse à une autre attaque, elle se nomme coup de temps ; coup d'arrêt, si l'adversaire a attaqué en marchant ; redoublement, si elle est faite immédiatement après une ou plusieurs attaques ; riposte, lorsqu'elle succède à une parade et contre-riposte, quand elle a lieu après la parade d'une riposte.

On dit que l'attaque est complète lorsqu'elle ren-
ferme le coup et la botte. Le coup est l'ensemble
des divers mouvements tentés par le tireur pour
arriver à frapper son adversaire ; la botte n'est
autre chose que la réussite du coup. Le coup est
simple ou composé. Le coup simple se fait par le
coup droit ou par le dégagement. Le coup composé
consiste à faire précéder le coup simple d'une ou
de plusieurs feintes ou d'une attaque de l'épée. L'attaque de l'épée est l'action que le tireur exerce sur
le fer de son adversaire pour le déplacer ou l'attirer
d'un autre côté. Notre intention n'est point d'énu-
mérer, dans cet avant-propos, tous les coups composés, qui, d'après Lafougère, dépassent le nombre
de 1,200.

La parade, ainsi que le mot l'indique, consiste à
détourner, à parer, le coup porté par l'adversaire.
Outre les noms de parade de prime, de seconde, de
tierce, *etc*, qu'elle prend selon la position des épées
et de la main, on appelle *parade simple*, celle qui
fait dévier l'épée de la ligne qu'elle suit ; *parade en
opposition*, celle qui va chercher l'épée dans
une ligne opposée, par un contre ; *parade
de tac*, celle qui renvoie l'épée par un coup sec ;
parade d'opposition, celle qui détourne l'épée sans
secousse, et enfin *parade en quarte volante*, celle qui
consiste à relever l'épée en abaissant la main.

La feinte n'est autre chose qu'un coup simulé,

dans l'intention de déterminer l'adversaire à parer d'un autre côté que celui où l'on veut le frapper.

Nous parlerons peu de la contre-pointe, et point de l'escrime à la baïonnette, le sabre et la baïonnette n'étant guère employés que dans les salles d'escrime des régiments; un historique des choses de l'épée nous ayant paru préférable.

Cette revue rétrospective aura l'avantage de faire connaître à nos lecteurs bien des choses utiles et que la poussière des bibliothèques recouvrait depuis longtemps.

Histoire de l'escrime.

Le fleuret fut inventé sous le règne de Néron. Ce sanguinaire empereur, qui se mêlait volontiers aux jeux du cirque, n'hésita pas un jour à se servir d'une véritable épée contre un adversaire armé simplement du fleuret.

Marc Aurèle fut le premier qui corrigea l'inhumanité des combats de gladiateurs en donnant à ces malheureux des armes émoussées.

Les combats à l'épée ont toujours eu leur place marquée dans les jeux du cirque, soit chez les Romains, soit parmi les différents peuples.

Plus tard, le fleuret fit partie des exercices du corps. L'escrime fut consacrée aux études d'adresse et d'agilité, et l'on dut reconnaître bientôt l'utilité de cet art.

Sous le règne de Dioclétien, nous trouvons que dans l'édifice des Thermes à Rome des salles autres que celles destinées aux bains contenaient tout ce qui était nécessaire aux exercices du corps. Les salles d'armes dominaient.

De l'avis des écrivains les plus distingués, l'escrime est nécessaire pour le développement des facultés.

Les qualités acquises par le fleuret nous suivent en dehors de la salle d'armes.

L'homme n'y gagne pas seulement des muscles d'acier, et, partant, une santé robuste, il y acquiert encore la patience, le courage et le sang-froid.

Aussi n'hésitons-nous pas à nous joindre à tous les auteurs qui ont parlé de ces choses pour engager les professeurs et amateurs à redoubler d'énergie et à se présenter à tous les assauts qu'ils pourront connaître.

Au commencement du XVIII° siècle, nos pères faisaient de l'escrime d'une façon toute différente.

Les parades se faisaient presque toujours en exécutant une volte, c'est-à-dire en portant le pied gauche en arrière pour effacer le corps, puis l'on tendait le bras pour laisser l'adversaire s'enferrer. Dans ce cas, on parait avec des liements avant de donner l'estocade.

Quand on ripostait, c'était toujours la main en pronation, autrement dit la main en tierce, mais cela n'avait pas la justesse de la méthode actuelle.

On pratiquait également, à cette époque, l'échappement en arrière que nous appelons : prendre le temps dans la ligne basse. Ce dérobement se fait toujours, et il a le plus souvent beaucoup de succès parmi les petits hommes contre les grands. On le fait beaucoup sur la marche. Quant au coupé couronné que l'on pratiquait également, il s'emploie encore quelquefois en face d'un tireur très médiocre, et encore faut-il qu'il tire bien franchement. Le coupé de revers ou prime coupé s'exécute sur un dégagement à gauche, autrement dit dans les armes, ou bien en quarte. On employait également la prime et le contre de prime ; cette parade, qui se fait toujours sur les dégagements en quarte pour donner la riposte dans la ligne basse, manque également de direction définie.

Pour les battements, on les faisait avec le fort de l'épée ; il fallait donc s'engager d'une façon trop accentuée.

La première condition de l'escrime est de ne pas trop s'aventurer, c'est-à-dire de ne pas engager l'épée plus du tiers de la lame, non seulement sur le terrain, mais aussi à la salle. Quand on a l'habitude de se tenir à distance voulue en salle, on se tient encore mieux en face d'une épée véritable. Il est nécessaire que la pointe de l'épée soit toujours bien à la hauteur de l'œil, pour que le centre de gravité soit déplacé, en opposant le fort de votre fer, sur le faible de celui de votre adversaire, et le maîtriser.

Lafaugère brilla toujours par ses coupés ; c'était un homme d'une taille au·dessous de la moyenne, il marchait beaucoup en attaquant, et se trouvait sous la direction du coup, ce qui lui permettait de faire des coupés comme il les désirait. Il possédait en outre des quintes qu'il appelait quartes volantes, autrement dit quarte basse. Cette parade étant faite par un petit homme, s'obtenait par conséquent avec la main beaucoup plus basse que la pointe, ce qui lui permettait de réussir parfaitement ses ripostes.

Selon nous, les battements doivent se faire au quart de la lame et toujours sur un bras tendu, afin d'empêcher l'attaque de se produire.

De nos jours l'art de l'escrime a subi bien des modifications et a gagné en importance au point de vue des difficultés à vaincre.

Aussi, un grand nombre de professeurs se contentent-ils d'égayer leurs élèves par des passes de fantaisie, laissant livrés à eux-mêmes les fervents, les logiciens, qui pensent y voir autre chose qu'un vulgaire délassement.

Dans le cas contraire, la majorité de ceux qui fréquentent les salles d'armes, se découragent et laissent l'escrime de côté pour rechercher de plus agréables distractions.

Il faut donc se borner à ne leur faire exécuter que les coups les plus simples, c'est-à-dire les coups droits, les dégagements et les une deux, battement tirez droit ou battement dégagez.

On peut ensuite, mais petit à petit, arriver à simuler un assaut et à leur faire faire des parades simples et des ripostes du tac.

Graduellement, l'élève gagnera de la vitesse et s'habituera à régulariser sa position.

Par contre, les salles d'armes deviendraient absolument désertes, s'il fallait obliger un élève à marcher et à rompre pendant six mois et à plastronner pendant deux ans, avant de le laisser faire assaut.

Il faut faire des tireurs passables en quelques années.

Néanmoins, bien peu persévèrent, et, sur cent élèves, on peut hardiment soutenir que quatre ou cinq seulement complètent leurs études.

En général, les salles sont fréquentées par trois genres de personnes : les élégants, hommes du monde, souvent ; les commerçants et les employés.

Ces derniers ne prennent leçon qu'au point de vue de l'hygiène, et parce qu'un médecin le leur a recommandé. Ils croient pouvoir apprendre en quelques mois, mais, devant un insuccès réel, ils se démoralisent et abandonnent cet exercice avant d'avoir obtenu un résultat, si insignifiant qu'il soit.

C'est un excellent conseil à donner aux amateurs que de les prier de laisser de côté toute question d'amour-propre, sous peine de renoncer à devenir forts, parer d'abord et ne rechercher le coup de bouton que d'une façon discrète.

L'escrime est, comme nous l'avons dit, une science, qui a ses règles étroites.

Nous allons en exposer les principales lignes.

Le professeur doit faire prendre toutes les positions afin d'obtenir la souplesse nécessaire.

La mise en garde plus particulièrement doit être pratiquée d'une façon irréprochable.

On doit également enseigner à mêler les feintes qui doivent tromper l'adversaire, car les fausses attaques lui permettent souvent de parer et de donner la contre-riposte avec succès.

V

Citons le *Traité de l'épée*, de Claude La Marche, pseudonyme couvrant, paraît-il, une personnalité du monde parisien.

Ce qui nous a frappé le plus, c'est le côté pratique de l'enseignement qui ressort de ce volume.

L'escrime est, pour certains, un pur exercice gymnastique, pour d'autres, c'est l'art de se défendre sur le terrain, c'est enfin, pour le plus petit nombre, un moyen de terroriser les paisibles joueurs de dominos qui, de cinq à sept heures, s'engagent sans mesure à l'unique café convenable de la localité.

Partant, différentes sortes d'adversaires.

Pour l'auteur, le maître d'armes qu'on recherche au moment d'une rencontre n'est plus un simple démonstrateur de son art.

Il fait tout de suite du susdit professeur un juge occulte, devant, par son enseignement, corriger les erreurs et entrer au besoin dans le vif des faits qui ont motivé la querelle.

Il est évident que sur ce terrain il rencontrera de nombreux adversaires. Quant à nous, nous accepterons toujours ce rôle.

Un mot trop tôt dit peut amener les plus terribles conséquences.

Un homme d'expérience et de sang-froid comme doit l'être tout professeur d'armes, pourra beaucoup dans un grand nombre de cas, et empêchera souvent un duel inévitable et sérieux de tourner au tragique.

Il pourra, et c'est surtout en cela que nous applaudissons des deux mains à ce qu'en dit Claude La Marche, il pourra surtout, disons-nous, ne plus prêter son concours à de vils coquins, comme on en rencontre quelquefois et dont l'unique ambition consiste à se faire un nom en transperçant un inoffensif partenaire.

Les conseils donnés et les termes employés avec la plus grande justesse par l'auteur, afin de décrire les différentes situations et positions des tireurs, dénotent, en même temps qu'un publiciste de talent, un observateur profond et un fin connaisseur de la science de l'escrime.

Dans ce Traité, le rôle du professeur est élevé à la hauteur d'un sacerdoce, et pour l'auteur, lorsque le combattant du lendemain a passé par toutes les phases de la leçon, que le maître lui a indiqué ce qui, suivant sa conscience, devra lui être le plus utile, il n'y a plus qu'un vœu à formuler.

— Que Dieu le garde !

En ce qui concerne le maniement de l'épée, nous ne saurions passer sous silence le livre du prince Pierre Bonaparte dont le titre seul est tout un programme : LE MANIEMENT DE L'ÉPÉE RÉDUIT A SA PLUS SIMPLE EXPRESSION ; *essai utile, théorique et pratique.*

Réserves faites, puisque nous ne sommes pas tout à fait d'accord avec l'auteur, nous ne voyons cependant pas d'inconvénients à en donner ici un aperçu.

Il fait d'abord connaître qu'il n'a pas la prétention de déprécier l'escrime académique, laquelle est un noble exercice gymnastique plein de combinaisons savantes, gracieuses et propres à développer les forces physiques et le jugement dans le péril.

« Nous rendons hommage, dit-il ensuite, au maître d'armes, dont nous avons eu souvent l'heureuse occasion d'admirer les parades concises, élégantes, amenant une démonstration claire et facile.

» Nous en avons connu dont la vitesse et le doigté

tenaient du prodige, et lorsque, pour les toucher,
nous avons eu recours à un jeu dangereux, et par
conséquent totalement dépourvu de la distinction
que l'on doit rechercher en salle, notre victoire en
a été fort amoindrie, nous l'avouons ici à notre con-
fusion.

» Il a existé également des maîtres qui, à l'art
de Lafaugère, joignaient ces attaques couvertes
appelées indûment bottes secrètes et que la fré-
quence de leurs duels avec les bretteurs de la grande
armée leur avait imposées. »

Ici l'auteur fait une critique au sujet des fameu-
ses bottes secrètes et prétend « qu'elles ne sont dé-
nommées ainsi que parce qu'on se figure en avoir
seul le monopole, alors que ce n'est au fond qu'un
secret de Polichinelle, et que tous ceux qui s'occu-
pent tant soit peu d'escrime les connaissent. »

Rien de plus exact selon nous ; d'abord les mêmes aspirations et les mêmes circonstances peuvent
produire naturellement les mêmes conceptions.

La plupart de ces coups de bourreaux des crânes
exposent ceux qui les font.

« Quelques-uns, nous apprend l'auteur, furent employés, comme ceux de l'adjudant-général Fournier,
parce qu'ils avaient tué leur adversaire, mais cela
ne prouve aucunement qu'ils fussent conformes aux
règles de la logique et d'une bonne exécution. »

Hâtons-nous d'ajouter qu'il y a cependant des attaques, en nombre excessivement restreint il est vrai, dont il est bien difficile de se garantir quelque habile que l'on soit, à moins de les connaître.

Encore faudrait-il avoir l'habitude de les déjouer, ce que nous avons expérimenté d'ailleurs avec des professeurs de première force, qui ont été étonnés, tout en faisant leurs réserves en faveur de la méthode qui enseigne si bien.

Le prince Pierre Bonaparte nous raconte ensuite que, dans sa jeunesse, il prit quelques leçons avec l'intrépide général Mac-Donald, qu'il ne faut pas confondre, nous apprend-il, avec le duc de Tarente.

Le général Mac-Donald, aide de camp de Murat, avait épousé la veuve de son général et souverain, la reine Caroline, sa tante.

C'était un homme de six pieds, un des plus beaux et des plus fiers de l'armée française au service de Naples.

Brave comme son épée, très susceptible, et prompt à frapper, il avait eu de terribles aventures dans ce pays où les spadassins et les jeux fantastiques ne font pas défaut.

La notoriété du vaillant général était telle que des hommes, qui, en d'autres occasions, avaient fait preuve de courage, refusaient de se mesurer avec lui.

» Nous gardons comme une précieuse tradition, --
continue le prince, le court enseignement qu'il nous
a donné, et, par dessus tout, la passe dont il disait
avec son fin et martial sourire : « *Con questa gli
ammazi tutti !* » (Avec celle-ci tu les tueras tous). »

Pour nous, nous pensons que cet homme étant
d'une taille élevée, et fortement musclé, avait par
cela même de fortes chances sur le terrain. Plus
grand que la plupart de ses adversaires, ayant une
grande habitude du duel, les chances ne pouvaient être égales. Point n'est besoin, dans ce cas,
de recourir aux bottes secrètes.

Il faut dire aussi que les succès d'un duelliste dé-
pendent souvent de la première rencontre.

S'il s'en sort sain et sauf, il y gagne incontestablement une confiance en lui-même qui ne fait
qu'augmenter, surtout dans le cas d'une seconde
rencontre favorable.

Alors sa gloire est à son comble, il se croit invin-
cible, ce n'est plus pour lui qu'un simple jeu.

Dans ces dispositions, un homme a souvent la
chance de ne pas rencontrer justement un adversaire possédant identiquement les mêmes avanta-
ges.

Néanmoins, si c'est un homme d'esprit, il ne dé-
passera pas la mesure, sachant par expérience que
les fervents de l'escrime recherchent toujours de

nouveaux coups, et que, par conséquent, il faut veiller quand même.

Nous nous trouvions, il y a quelque temps, dans une salle du faubourg Montmartre, juste à propos pour assister à une leçon de terrain. Un journaliste qui accompagnait le futur duelliste, interpellé par le professeur, qui lui demandait s'il ne voulait pas, lui aussi, prendre une leçon, répondit : « Oh ! moi, c'est inutile ; je connais un coup du temps de Louis XIV qui me met complètement à l'abri. »

On juge de la stupéfaction des élèves présents, qui tous pressèrent le mousquetaire imaginaire de leur faire connaître ce coup terrible.

On eut beaucoup de peine à le décider, mais son ami lui ayant mis un fleuret en main, il se mit en garde devant cet élève, qui n'avait que quelques mois de salle.

A peine en garde, il fondit sur son adversaire en baissant la tête et en retirant la main ; l'élève ne fit qu'un seul mouvement, il tendit le bras et arrêta le vantard d'un magnifique coup de bouton en pleine poitrine.

Plusieurs fois l'expérience fut renouvelée mais avec le même insuccès, et, l'oreille basse, le monsieur prétendit, néanmoins, qu'il n'en serait pas de même sur le terrain.

Des personnes présentes à la scène lui donnèrent aussitôt le charitable conseil de ne pas s'y aventurer, ce qui, d'ailleurs, est notre avis.

Bien des personnes aussi nient l'efficacité des principes en matière d'escrime. Nous soutiendrons toujours que les fervents auront toujours des chances contre ces fanfarons.

Mais revenons à la brochure du prince Pierre, laquelle nous fournira quelques passages intéressants.

Il y est aussi question d'un maître dont la science et l'adresse ont fait époque. Il s'appelait de Mancielo et avait donné des leçons au prince Charles, frère aîné du prince Pierre, qui n'en profita guère, absorbé qu'il était par de grands travaux ornithologiques.

On disait, paraît-il, en Italie, que Saint-Georges n'avait jamais été battu que par Mancielo, mais l'auteur ignore si c'était là une façon de proclamer son habilité transcendante, ou bien si véritablement un assaut avait eu lieu entre ces deux immortels escrimeurs.

Cette supposition pouvait avoir sa raison d'être, car Saint-Georges est mort en 1799, et Mancino était déjà fort avancé en âge lorsqu'il donnait des leçons au prince Charles.

Mancielo était petit, laid, bossu, osseux, maigre

et anguleux, ses bras pendaient pour ainsi dire jusqu'à terre.

On en avait fait une sorte de croquemitaine, bien qu'il fût un excellent homme. L'auteur n'a jamais entendu dire qu'il ait tué quelqu'un. Il raconte qu'il en a toujours entendu parler comme d'un homme inoffensif sous tous les rapports, ne cherchant querelle à personne ; qu'enfin, dans plusieurs circonstances, il aurait consenti à mettre les pouces.

« La conséquence de tout ceci, ajoute le prince, c'est qu'un amateur consciencieux, et qui, par goût ou par nécessité de profession ou de situation, peut se trouver appelé devant un adversaire avouable, devra avant tout travailler bien assidument avec un bon maître.

» Au bout de quelques années de salle, toutes circonstances lui étant propices, il arrivera sans efforts à la force moyenne, c'est-à-dire qu'il deviendra un tireur passable, faisant assaut d'une façon régulière.

» On n'aura rien à lui reprocher sous le rapport de la tenue et de la régularité de ses mouvements. Il sera beau sous les armes et pourra raisonner les différents moyens d'exécution.

» Enfin, il prendra de l'assurance, ce qui, d'un côté, ne sera pas sans danger, et ne l'empêchera pas d'être blessé à la première rencontre.

» Dans le cas contraire, on ferraillera avec des adversaires impossibles, aussi imprudents que soi. Qu'une légère égratignure survienne et que les témoins ne soient pas énergiques, on plumera le canard et on déclarera l'honneur satisfait après un copieux déjeuner.

» En somme, rôle des plus ridicules, et certitude de rien savoir et d'avoir pris de fort mauvaises habitudes.

» Nous honorons et admirons les bons maîtres, dit encore le prince Pierre dans sa brochure, mais nous contestons que la méthode académique élégante et classique soit d'une application possible sur le terrain.

» Contre un adversaire sérieux, sans compter d'autres inconvénients, les lignes basses ne sont pas assez protégées. »

» L'auteur prévoit ensuite qu'on pourra lui objecter que : qui peut le plus, peut le moins, et qu'un jeu savant et régulier n'empêchera pas d'apprendre des mouvements au point de vue du terrain.

» A cela il répond qu'on y gagnera des habitudes invétérées, des préjugés qu'on ne voudra reconnaître qu'après avoir été blessé.

» Bref, selon lui, il faudrait faire autre chose que de plastronner si longtemps, ainsi que cela se pratique dans les salles. »

Pour nous le plastron est une excellente chose

que l'on doit constamment pratiquer. Il maintient l'élève dans la ligne, ce qui revient à dire que les parties basses sont aussi protégées que les autres.

Dans les salles, on tient la main entre les deux lignes, et plutôt un peu basse, afin de se protéger plus efficacement.

Un fort tireur, qui se voit menacé dans les parties basses, barre l'octave et ramène l'épée dans la ligne de quarte si l'adversaire tire dans les armes.

On peut aussi exécuter la septime enveloppée en relevant l'épée, parer quinte sur l'attaque dans les armes, ou parer seconde pour la ligne du dehors.

Il y a là, croyons-nous, de quoi répondre à la prétendue insuffisance de l'escrime académique, en ce qui concerne la protection des parties basses.

Après la théorie en faveur dans les salles, vient celle de tous les coups qui peuvent se présenter sur le terrain.

Il est très important de s'exercer avec des épées de combat, afin de n'avoir pas une arme étrangère à la main le jour d'une première rencontre.

Le fleuret étant beaucoup plus léger que l'épée, on comprendra aisément qu'un tireur qui se trouverait tout à coup sur le terrain l'épée de combat à la main, éprouvera une gêne certaine, même dans le cas où ledit tireur serait, en salle, d'une force convenable.

Il est donc de toute utilité de simuler des combats avec l'arme dont on est susceptible de se servir au premier moment. Inutile, pensons-nous, d'insister plus longtemps sur ce point.

Le prince Pierre parle aussi de Grisier, avec lequel il aurait simulé un duel devant quelques membres de sa famille. Le résultat en aurait été si beau, que, dans sa brochure, l'auteur ne peut résister à le rappeler.

Il aurait réussi un coup de seconde sur le ventre du célèbre professeur.

Pour nous, le professeur aura levé la main, comme cela se fait souvent en pareille circonstance, afin de flatter son adversaire et de le reprendre, à l'occasion, sur le même coup.

Il nous est permis de douter que, sans le vouloir, Grisier ait été victime d'un coup de seconde.

Il était grand et mince, et tenait son homme de loin, ce qui, raisonnablement, est peu favorable à l'exécution et à la réussite d'un coup de seconde.

« Sur le terrain, continue le prince, la supériorité appartient à la vitesse, portée à un degré extrême, et pourrait suppléer à tout. On ne doit pas, néanmoins, la confondre avec l'agilité, qui est d'une importance moindre. »

Le cas d'un clown, par exemple, bondissant par dessus la tête de son adversaire et le piquant en passant serait de l'agilité, mais n'aurait rien de commun avec l'escrime.

D'après l'auteur, Auriol, le gymnaste, aurait fait assurément un maître d'armes de grande valeur.

Pour lui, après la vitesse et l'agilité, c'est la forme et la taille qu'il s'agit de mettre en ligne de compte.

Nous nous garderons bien d'être aussi affirmatifs, et, pour nous, la vitesse et l'agilité ne peuvent être employées qu'en temps et lieu, c'est-à-dire que, sans à propos, ces deux qualités deviendraient plutôt un danger.

Tous les jours nous voyons dans les salles des personnes dont les mouvements impétueux sont annulés par des élèves moins forts, mais plus possesseurs d'eux-mêmes.

Pour la force à employer, ce n'est que par le travail le plus assidu qu'on en peut faire un usage judicieux.

Une pression faite sans discernement peut avoir les plus déplorables effets contre un adversaire souple et de sang-froid, ce qui arrive très fréquemment aux tireurs qui forcent la main de leur adversaire.

Ce ne sera que dans de rares circonstances qu'on pourra sans danger employer ce moyen.

Tous les jours, des hommes, qui ne sont ni d'égale force ni de même grandeur, se rencontrent sur le terrain. Neuf fois sur dix, c'est celui qui aura fréquenté la salle le plus assidûment qui sera le vainqueur.

La taille aussi est d'une réelle importance, à condition, toutefois, qu'elle ne sera pas une cause de gaucherie et de manque d'aplomb.

En effet, que fera le malheureux petit tireur réduit à parer pour s'approcher du grand gaillard qui le tiendra constamment hors mesure.

S'il a le malheur de se fendre, son adversaire rompra et le touchera au moment où il se relèvera, et cela à une distance que le petit ne saurait atteindre.

Le système de l'auteur est donc d'égaliser les chances, en obligeant le tireur à cultiver les lignes basses et à compenser la différence de mesure en longueur de développement par une plus grande aptitude à se glisser sous les armes.

Nous sommes parfaitement de cet avis ; les petits hommes, étant presque toujours sous la direction de l'épée, peuvent remiser d'une façon étonnante.

Le jeu que nous leur enseignons en salle consiste à ne pas donner d'épée, ou presque pas.

Ils ne doivent ne donner que la pointe et se tenir toujours le plus éloignés possible.

Dans cette position, les grands et les forts ne peuvent prendre de points d'appui et sont toujours un peu gênés,

Il faut croire que cet art offre décidément bien des difficultés, car, de nos jours, les plus forts tireurs sont plutôt au-dessous de la moyenne.

Le prince Pierre nous donne ensuite un chapitre, tiré évidemment du *Parfait duelliste*.

« En arrivant sur le terrain, dit-il, la prudence commande de ne pas s'approcher à moins de trois mètres de l'adversaire.

« On reçoit l'épée qui vous est destinée, des mains de l'un des témoins, lequel doit vous la présenter en la tenant par le milieu de la lame, et en vous offrant la poignée. Il faut la saisir, le pouce allongé, ne touchant pas tout à fait la coquille, et les autres doigts bien fermés, sans raideur.

« On prend alors la demi-garde, en se plaçant d'abord les pieds en équerre, un talon touchant l'autre, le gauche derrière le droit.

« Porter ensuite le pied droit à 40 centimètres en avant, les jarrets à peine pliés, le corps d'aplomb sur les hanches, l'avant-bras gauche soutenant les reins, le poing fermé.

« La tête doit rester droite, sans la moindre contraction, le regard attentif aux mouvements de l'ennemi ou de son arme.

« Le bras droit infléchi à la hauteur du sein, la pointe vers les yeux de l'ennemi, la main en tierce, c'est-à-dire en pronation, car tant qu'on ne fait pas d'attaque, on ne doit s'engager qu'en dehors des armes.

« On peut avertir son adversaire par un appel du pied, ou bien encore en articulant d'un ton bref et courtois le mot « salut. »

« Il ne faut pas regarder d'un air courroucé. Le sourire sur les lèvres serait même de bon ton. »

Dans l'exposé qui vient de nous être fait de la position du duelliste, nous nous permettrons de relever quelques indications qui pourraient valoir, selon nous, plus d'un désagrément au combattant qui voudrait en faire usage.

La main gauche, d'abord n'est pas à sa place, c'est-à-dire à 35 centimètres environ de la tête, et les attaques ne peuvent avoir la vitesse qu'elles auraient si elle était placée plus haut.

Quant à la main gauche, ce n'est pas pour avoir une belle posture qu'on doit la tenir élevée, mais bien pour servir de balancier et aider le tireur à se relever.

Il ne suffit pas de se défendre avec beaucoup de vitesse, il faut pouvoir se relever plus rapidement encore.

Vous figurez-vous un coureur les mains dans les poches ; cela n'est pas possible, et celui qui aura les bras libres aura incontestablement l'avantage.

Quant à l'attitude personnelle des adversaires sur

le terrain, il est bien difficile de donner des règles là-dessus. Un appel du pied ne s'entendrait pas et serait du plus mauvais goût, ainsi que toute réflexion et interpellation.

La seule chose que nous puissions recommander à un duelliste, serait de garder sa présence d'esprit dans la mesure du possible, de tenir la pointe en ligne, et de rompre ensuite en parant chaque attaque.

C'est, nous le croyons, le plus sage conseil que l'on puisse lui donner.

On nous parle aussi de main en pronation ; nous trouvons que ce serait une grande faute, et que la main en supination, c'est-à-dire en quarte, est préférable, pouvant, dans cette position, défendre plus fa cilement n'importe quelle ligne.

Nous sommes d'accord lorsqu'on nous dit de ne prendre qu'une demi-garde ; mais nous croyons qu'il est bon de remplacer la feinte que l'on pratique en salle par une petite marche continuelle en avant et en arrière.

Il faut, autant que possible, parer de loin et attaquer de près.

On doit aussi passer alternativement de la garde à la demi-garde, afin de déjouer son adversaire ; mais comme il faut toujours s'attendre à des imprudences de la part de l'adversaire, qui court quelquefois sur vous sans se rendre compte du danger, il ne faut, en aucune façon et sous aucun prétexte, le quitter des yeux.

En cas de marche imprudente, il suffit de tendre le bras en se portant en arrière puis de prendre tout de suite le contre de quarte, en maintenant le plus possible la pointe dans la ligne.

Ne jamais faire de parade de prime, car si elle réussit quelquefois, c'est plutôt à la vitesse du tireur qu'on le doit.

Il n'en est pas de même de la parade de quinte, ainsi que de celle de seconde, qui sont toutes deux excellentes sur le terrain.

« Sur le terrain dit le prince, les témoins doivent déclarer qu'on ne se servira pas de la main gauche, et qu'on ne touchera l'adversaire que de la pointe de l'épée ; ils doivent se tenir à distance des combattants, à cinq ou six mètres au moins, être impassibles et immobiles.

« La partie engagée, ils seront muets. Leur rôle se bornera à constater.

« Ils ne doivent avoir ni armes, ni bâtons, ni même le fourreau de l'épée dont se servent les combattants.

« Sauf les témoins, personne ne doit assister au duel, si ce n'est pourtant les médecins amenés par les combattants et présentés par les témoins de l'un à ceux de l'autre.

« On doit se tenir à une certaine distance des combattants afin d'empêcher les personnes qui pourraient se présenter de les approcher. Au besoin, et en désespoir de cause, on devra déplacer le lieu de rencontre ou même l'ajourner.

« La passe en dehors des armes est une terrible attaque, et l'auteur nous dit, à ce propos, qu'il ne voudrait pas avoir sur la conscience la mort de la dixième partie de ceux qu'elle a envoyés dans l'autre monde. C'est certainement, continue-t-il, l'attaque la plus dangereuse et surtout la plus pratique sur le terrain.

« On parle de la parer avec une *quinte* mais cela ne saurait réussir que bien rarement.

« On pourrait l'éviter par une volte et, mieux encore, la tromper par un dégagement bien fait.

« L'adversaire qui attaque par saccades est toujours dangereux ; on doit le tenir à distance et attendre le moment où son jeu le forcera à s'écarter de la ligne. A ce moment il faut l'attaquer franchement par un coup droit, ou un dégagement bien raisonné.

« Contre l'attaque par saccades, la retraite ne suffit pas, et puis on ne peut toujours rompre, ou sauter en arrière ; on arriverait alors bien vite au bord du fossé, et il ne faut pas s'y laisser mettre — au bord du fossé la culbute. »

Il existe une attaque que le prince Pierre hésite à signaler, tant il la croit dangereuse. Néanmoins, il nous la démontre en expliquant « qu'il faut rapprocher insensiblement le pied gauche jusqu'à environ 20 centimètres du droit, et amuser l'adversaire par de petits engagements, afin de détourner son attention de cette marche, qui pourrait devenir très dangereuse sans cela.

« En effet le plus médiocre tireur peut arrêter un adversaire sur sa marche.

« Il faut alors maîtriser l'épée adverse en quarte basse ; on est ainsi logé en dehors des armes, la mesure est gagnée, et si l'adversaire veut la rétablir en se retirant, on le suit vivement par d'autres passes semblables, toujours en pressant l'épée.

« S'il cède, tendre le bras en revenant en ligne.

« Il faut surtout éviter les corps à corps, dont les suites sont presque toujours fâcheuses et peuvent occasionner mort d'hommes, et ne pas continuer le combat, une fois blessé.

« A moins qu'il ne tombe, et, dans ce cas, l'adversaire est sacré, il faut remiser et redoubler encore. Cependant s'il y avait des raisons de le ménager, ce qui n'a jamais lieu qu'au péril de sa vie, il conviendrait de se retirer en sautant, à plusieurs reprises, et, toujours en garde, attendre les événements. »

L'auteur rappelle aux amateurs d'escrime de se tenir à une distance raisonnable, afin d'éviter les coups pour coups.

« Il existe des duellistes qui ne regardent pas à se faire blesser pourvu qu'ils vous tuent.

« Enfin une imprudence commise par de nombreux maîtres d'armes est de dire à un élève qu'il n'oserait, sur le terrain, le jeu qu'il fait en salle. »

C'est là, selon l'auteur, une offense gratuite qu'il aurait vu relever par l'offre de démoucheter les fleurets.

« Par un coup de temps, et même en cavant, ainsi que par d'autres nombreux moyens, on est à peu près sûr de faire coup fourré.

« Toute la question consiste à ne pas être blessé grièvement, tout en frappant à mort son adversaire.

« Il est même certain qu'un homme brave et généreux, se battant pour une raison des plus légitimes, ne serait pas fâché de sortir blessé d'un duel où il aurait tué son adversaire.

« Cela indiquerait au moins que les chances étaient réciproques, et qu'il n'a pu compter sur sa connaissance de l'escrime pour avoir raison d'un tel adversaire. »

Ici l'auteur, très versé sur les menus faits de l'histoire italienne, rappelle une anecdote inédite sur César Borgia.

« Jaloux de son frère Jean-François, duc de Gandie, il résolut de le faire disparaître.

« Mais la chose était assez difficile, car le duc passait

avec raison pour une des premières lames de la Péninsule.

« Il offrit alors une grosse somme à un capitaine des bandes de l'Eglise, coupe-jarret bien connu, pour lui chercher querelle.

« L'affreux spadassin ne se rendit pas du premier coup, trouvant la somme insuffisante, et exigea qu'elle fût doublée.

« La somme serait suffisante, dit-il mielleusement à son client, s'il s'agissait du premier bourgeois venu, mais le seigneur Jean-François est de première force et capable de résister au plus brave et au plus habile tireur.

« Je n'ai donc qu'un moyen de satisfaire le désir de monseigneur, c'est de faire coup pour coup. Je tuerai mon homme, j'en réponds, mais s'il ne m'expédie pas dans l'autre monde, pour sûr je serai blessé.

« Le prix que je demande n'est donc pas trop élevé. »

« La chronique ajoute que les choses se passèrent ainsi que l'avait dit le coupe-jarret. Le cadavre du duc de Gandie, percé d'outre en outre par un coup dans le côté gauche (probablement en cavant), fut repêché dans le Tibre.

« Son meurtrier fut très maltraité et ne put continuer à servir les projets diaboliques du bâtard du pape.

Il y a deux sortes de coup d'arrêt. Le premier consiste, sans répondre à l'épée, à tendre le bras dans la ligne, ce qui est dangereux et peut amener le coup fourré. On le fait parfois en échappant du pied gauche, pour se baisser davantage, et en élevant la main à hauteur de la tête afin d'éviter l'attaque.

« Ces moyens extrêmes sont excessivement dangereux. »

L'auteur raconte encore une anecdote, cette fois sur un officier napolitain de sa connaissance, et qui se fit tuer de la sorte, par un coup qui lui entra dans l'œil, le mettant ainsi dans l'impossibilité de continuer le combat.

« Le vrai coup d'arrêt ou de temps, selon lui, est celui que l'on prévoit d'après les dispositions de l'adversaire : on peut le porter également en riposte, ou bien encore sur une feinte ; mais, ajoute-t-il, il ne faut pas s'y tromper et, en pareille matière, nous ne saurions trop recommander la prudence.

« Pour les remises ou redoublements, elles acquièrent un degré de vitesse et d'efficacité qui résulte de la simplicité des lignes où l'on peut les porter ; cette foudroyante attaque est bien difficile à parer.

« Le nombre de ces coups est illimité. Avec un peu d'audace on ne devra pas craindre qu'ils soient interrompus par une riposte, car l'adversaire ne saurait, sans courir un danger imminent, quitter la série de ses parades.

« En ne quittant pas la série de ces remises, il faudrait avoir peu de chance ou bien être fort maladroit pour que quelques-uns d'entre eux, au moins,
n'aillent pas à leur adresse.

« Remises et redoublements peuvent également se
suivre sans relâche, toute la différence ne tenant
qu'à une parade de l'adversaire.

« Dans les corps à corps il est un moyen excellent
qui consiste à suspendre l'attaque pendant une seconde.

« Cette pause, pour ainsi dire imperceptible, suffit
pour observer l'adversaire et voir s'il est gardé.

« Cela est préférable de beaucoup à une série de
coups qui se succéderaient régulièrement, mais auxquels on pourrait répondre, très régulièrement aussi,
par des oppositions correspondantes.

« On dit souvent, dans le langage des duellistes,
que par exemple M. un tel a été blessé à la troi-
sième passe, etc., etc. »

L'auteur de la brochure que nous sommes en
train d'analyser y trouve l'occasion de faire remarquer qu'on devrait dire « phase » et non « passe ; »
que ce mot de *passe* est au moins équivoque, et
qu'on ne devrait, à la rigueur, se servir de ce mot
qu'en parlant de l'ensemble des *phases* d'un combat.

« Dans l'escrime académique que l'on pratique aujourd'hui, il n'y a pas, ou il ne devrait pas y avoir

de *passes*, car une marche suivie d'un développement n'est pas plus une passe que tout autre mouvement enseigné par le professeur. »

L'auteur n'admet pas non plus qu'une affaire sérieuse puisse durer dix ou quinze minutes, comme cela arrive dans un grand nombre de cas.

Dans les affaires nombreuses auxquelles il a assisté, une seule, et par exception bien entendue, a duré vingt minutes.

« Les professeurs, continue-t-il, donnent des leçons de duel aux futurs combattants.

« Cela a du bon, car, à défaut d'autre chose, on leur enseigne la prudence, ce qui en a sauvé plus d'un.

« Beaucoup de duellistes, une fois sur le terrain, ne se possèdent plus, et se livrent sans s'en douter. »

Nous sommes donc absolument du même avis en ce qui concerne la leçon de duel, que nous préférons appeler leçon de terrain.

Ces leçons de terrain sont en effet extrêmement utiles.

Il faut habituer le futur combattant à manier, au moins pendant quelques heures, l'arme avec laquelle il devra attaquer ou se défendre.

Le professeur lui mettra donc en main une épée et lui dira : « Veuillez, Monsieur, faire ici ce que vous feriez sur le terrain, afin que je puisse voir les principales fautes que vous n'allez pas manquer de commettre. »

D'après les attaques de son client, le professeur donnera des conseils et indiquera des coups.

Dans la plupart des cas, le futur combattant n'a jamais tenu une épée ni même un fleuret ; on ne peut donc lui enseigner l'escrime dans une ou deux séances.

Tout consistera donc pour le professeur à lui donner de la confiance, à lui prouver qu'il ne sera pas blessé ; qu'au pis aller il ne saurait être blessé que légèrement, à la main ou à l'avant-bras, mais que ses jours ne sont pas en danger.

Un monsieur à qui on aura montré à rompre en prenant le contre de quarte pour tendre le bras ensuite sur chaque attaque de son adversaire, ira certainement sur le terrain avec la conviction qu'il n'y a pas de danger réel pour lui.

A ce propos nous citerons un fait datant de 1874, et qui s'est passé chez un professeur de nos amis.

Le sieur X..., dont la salle était à cette époque rue Vivienne, reçut un jour la visite d'un jeune étudiant qui le pria de lui donner quelques leçons de terrain. Ce jeune homme avait pour le lendemain une affaire sur les bras et voulait profiter de ce court répit pour apprendre à tenir une épée, car il ne savait absolument rien.

Devant tant de naïveté, le professeur ne put s'empêcher de se récrier, expliquant que cela était impossible ; bref, on en vint à causer du motif de la rencontre.

Il s'agissait d'une femme.

— Pour une pécore ! je m'en doutais, fit le professeur, laissez donc cela de côté et n'exposez pas votre vie ; vous êtes jeune, et vous aurez sans doute l'occasion de la risquer plus utilement.

— C'est que, balbutia l'étudiant, j'ai reçu une... un coup, et cela en plein café, devant une nombreuse assistance.

— Diable ! c'est différent, murmura M. X..., veuillez alors passer par ici et déposer les cinquante francs, prix de la leçon. En retour, je vous promets que vous ne serez pas tué cette fois'; nous allons faire le nécessaire.

Le client était d'une maladresse rare.

Voyant cela, le professeur se contenta de lui dire : — Vous êtes grand, eh bien, à chaque mouvement de votre adversaire, vous tendrez le bras en rompant.

Deux jours après, M. X..., qui ne pensait déjà plus à cette petite aventure, fut agréablement surpris de voir entrer son élève d'une heure, très bien portant, ma foi.

Il venait lui apprendre qu'il était sorti vainqueur de l'épreuve, ce dont il fut vivement félicité par tous les élèves présents.

Seulement, et c'est là ce qui gâte singulièrement

cette anecdote, très véridique d'ailleurs, le jeune étudiant prétendit être d'une force peu commune à l'épée, avoir voulu ménager son adversaire, et autres hâbleries du même genre.

Néanmoins, et malgré cette faiblesse d'homme heureux, il est incontestable que des conseils judicieusement donnés par un professeur expérimenté peuvent être d'un très grand poids dans une rencontre. Cette histoire en est un exemple frappant.

Le prince Pierre dit qu'il ne faudrait pourtant pas s'exagérer le pouvoir absolu d'un professeur dans cette circonstance.

Il dit qu'on l'a souvent bien fait rire en lui nommant des professeurs se disant capables d'apprendre à un duelliste à se garer de n'importe quel jeu.

Plusieurs fois même il aurait essayé les théories de ces pourfendeurs, et les aurait réduites à néant par des coups de la plus grande simplicité.

« C'était alors le moment ou jamais pour les conseilleurs de se féliciter de n'avoir pas démoucheté les fleurets. Mais s'il n'y avait pas de danger, que de gens se battraient pour faire les fanfarons et poser pour la galerie !

« Où serait le mérite ?

« Il est incontestablement plus logique de souhaiter que les rencontres soient aussi rares que possible ; pourtant on devra y donner suite toutes les fois que la cause première aura quelque gravité.

« Dans une affaire d'honneur vigoureusement conduite, un cœur bien placé trouvera souvent l'occasion de n'être pas absolument satisfait.

« En effet personne ne se soucie d'avoir le dessous.

« Mais la mort, la blessure ou simplement l'humiliation de l'adversaire serait-elle de nature à satisfaire notre amour-propre ?

« Pour le penser il faudrait avoir plus de légèreté que de bienveillance pour son prochain, et il doit nous être permis de douter de la bravoure de gens foncièrement méchants.

« Dans des rencontres dont la cause est sans gravité, mais où l'on tient absolument à être vainqueur, nous conseillerons les coups à la main et au bras.

« Malheureusement les coquilles des épées de combat rendent ces coups assez rares.

« Les bottes au genou réussissent assez facilement, mais exposent trop celui qui y a recours.

« Il serait désirable, pour des affaires de peu d'importance, de ne faire usage que d'épées dont les coquilles seraient plus petites.

« Par ce moyen les coups à la main et au bras seraient plus faciles.

« Le duel au pistolet est souvent ridicule.

« Il se borne la plupart du temps à une inoffensive pétarade, ce qui est la cause d'un grand nombre d'inconvénients.

« Le premier, pour ne citer que celui-là, est de

donner l'air d'un pleutre à des gens de cœur, et qui étaient venus sur le terrain dans une toute autre intention que de prêter à rire aux passants. »

Pour nous, qui n'admettons le duel que dans des circonstances particulièrement graves, nous proscrirons toujours le duel au pistolet, attendu qu'il n'y a pas combat et que la valeur de chacun des adversaires n'est pour rien dans l'affaire.

Si ce duel est suivi de mort ou de blessures graves, le vainqueur n'aura-t-il pas quelques remords ou du moins quelques scrupules?

La partie n'est-jamais et ne saurait être égale. Presque toujours l'un des deux est meilleur tireur, et nous pourrions citer des cas où la loyauté aurait pu être mise en question.

Enfin, si pour un mot on fusille un homme, cette réparation en devient aussitôt odieuse.

En principe n'allez sur le terrain que si l'urgence en est absolument démontrée, et évitez avec une sainte horreur les duels que nous appellerons comiques. Préférez aux armes à feu la noble épée française, et n'hésitez pas à faire le sacrifice d'un peu de sang plutôt que de passer pour lâche ou ridicule.

Nous empruntons encore cette anecdote à la brochure du prince Pierre.

C'était en 1849. Un représentant du peuple à l'Assemblée nationale législative fut amené à provo-

quer le même jour une demi-douzaine de journalistes.

Quatre s'excusèrent, deux se rendirent au rendez-
vous.

Un de ceux-ci avait choisi pour témoins MM. D...
et L..., collègues de notre représentant.

Celui-ci avait d'abord proposé le sabre, mais on
objecta que son adversaire n'était pas militaire, et
il fut convenu qu'on se battrait au pistolet, chaque
combattant devant être muni de deux pistolets de
tir.

Jusque-là l'affaire semblait devoir être sérieuse.

Les environs de Saint-Germain furent choisis
pour le lieu de la rencontre.

Notre représentant et les deux témoins qui l'ac-
compagnaient prirent le chemin de fer et commen-
cèrent à déjeuner en attendant leurs partenaires.

A l'arrivée de ceux-ci, tous les témoins, d'un air
solennel, eurent une grande conférence dans une
habitation voisine, laissant le représentant et le
journaliste en tête à tête.

Premier inconvénient.

Mais, le représentant, impatienté, ne trouva rien
de mieux que d'inviter son adversaire à déjeuner,
ce qui fut refusé, d'ailleurs.

Les négociations se prolongèrent, et l'aventure
devenait insupportable ; pourtant on finit par se
mettre en route pour... le champ d'honneur.

En route le représentant demanda à ses témoins où étaient les pistolets.

— Nous n'en avons qu'une paire, répondirent-ils.

— Et pourquoi ? questionna le député.

— Parce que nos collègues menacent de se retirer si nous insistons sur les premières conditions, mais, plutôt que de faire buisson creux, nous avons admis qu'on se servirait de ceux-ci, et ils montrèrent, au lieu de pistolets de tir, des pistolets d'arçon qui, disaient-ils, étaient excellents.

— Les chargerez-vous bien ? demanda le client.

— Comptez sur nous.

— Et si nous ne nous touchons pas ?

— Vous recommencerez autant de fois qu'il vous plaira.

Le représentant n'était pas très convaincu. On mesura les distances, chacun prit sa place, et on échangea un coup de feu.

Aucun des adversaires n'avait entendu siffler de balle.

Furieux, le député, qui avait la prétention d'être bon tireur, fit la grimace et commanda : chargez !

Alors le journaliste, s'avançant, lui apprit, sur le ton le plus courtois qu'il n'était pas l'auteur de l'article, cause de la rencontre.

Il en avait seulement pris la responsabilité.

— Maintenant que l'honneur est satisfait, ajouta-t-il, je le désavoue.

Les témoins, qui s'étaient entendus sur ce point, firent chorus, naturellement.

Mais le représentant, qui ne pouvait concevoir comment une pareille comédie pouvait satisfaire son honneur, insista pour continuer le feu.

Nouvelle conférence des témoins qui faisaient mine de vouloir se retirer, laissant, d'une façon fort piteuse, cette affaire en suspens.

Tout à coup, et grâce à toutes ces lenteurs, apparut la municipalité de l'endroit, maire en tête, garde champêtre en queue, écharpe et baudrier resplendissant de tout l'éclat de ces imposants insignes.

— Messieurs, on ne se bat pas ici ! s'écria le maire.

— Ici ni ailleurs ! ajouta le garde champêtre, qui avait été gendarme.

Alors prenant la parole, le député s'adressa au maire et lui dit :

« Citoyen maire, j'ai l'honneur de vous présenter « MM. D... et L... mes collègues à l'Assemblée na-« tionale.

» Quant aux armes, ce sont des pistolets parle-« mentaires, et, en cette qualité, ils n'ont jamais fait « de mal à personne. »

La chose en resta là ; vérification faite, on avait chargé des pistolets de seize avec des balles de vingt-quatre.

Quelques instants plus tard, le représentant, voulant faire une expérience, visa à vingt-cinq mètres l'article incriminé qu'il avait fixé contre une meule.

Six balles se perdirent dans la paille. Il y renonça.

On ne pluma pas les canards, car tout le monde avait déjeuné, mais on sabla du champagne, pour rentrer ensuite tous ensemble dans Paris.

C'est assez joli, n'est-ce pas ?

A l'arme blanche, le résultat eût été certainement tout différent.

Nous n'ajouterons donc qu'un mot pour confirmer ce que nous avons déjà eu l'honneur de mettre sous les yeux de nos lecteurs, c'est qu'on oublie aussi de mettre des projectiles dans les armes lorsqu'il s'agit d'une rencontre de ce genre.

Dans le duel à l'épée, les adversaires combattent suivant leur nature et leur caractère, et, quoi qu'il arrive, on ne peut déclarer l'honneur satisfait qu'en cas de blessure.

Dans l'ouvrage de M. de Saint-Albin, intitulé : *A travers les salles d'armes*, nous trouvons une amusante mais inexplicable raison du peu d'empressement qu'ont les professeurs, à tirer en public.

Il nous est bien facile de répondre au spirituel écrivain qu'en dehors de certaines personnalités de l'escrime, il semble ignorer nombre de professeurs émérites, capables de faire aussi bonne contenance que ceux qu'il cite.

Mieux que personne, M. de Saint-Albin doit savoir comment on. organise ordinairement ces fêtes de l'épée ; il sait, qu'à part de rares exceptions, on s'abstient d'y inviter ceux des professeurs non répandus dans le monde *very select* auquel il s'adresse de préférence.

Nous en avons beaucoup connu qui n'auraient pas mieux demandé que de se produire, si on les avait invités, et dont la présence eût rompu la monotonie des réunions dont, à juste titre, se plaint l'auteur de l'ouvrage cité plus haut.

6

VI

QUELQUES DUELS ANECDOTIQUES

Quelques conseils, quelques réflexions.

Règles que l'on doit observer dans les salles d'armes :

Ne point jurer, ne point dire de paroles ni de chansons indécentes, ne point badiner, attendu que les suites en sont ordinairement *fâcheuses ;*

Ne point railler personne sur le fait des armes ;

Ne point tirer sans masque ni gant et sans être autorisé par le professeur, afin d'éviter tout accident qui deviendrait fâcheux pour les tireurs et pour le maître d'armes. On doit également, dans l'assaut, en cas de désarmement, ramasser l'arme de l'adversaire et la lui remettre en main ; cette courtoisie maintient la bienséance dans les salles.

Les élèves ne doivent, sous aucun prétexte, faire des armes, sans que le professeur en soit averti, afin que ce dernier puisse juger de leur force et de leur aptitude, et que leurs intérêts et celui du professeur ne soient pas compromis.

Il est nécessaire que les élèves plastronnent pendant une année, au moins, et tous les jours, avant de faire assaut ; ils peuvent faire des *contres*, au bout de six mois ; mais, cela, s'ils ont les aptitudes nécessaires reconnues par leur professeur. Dans ce cas, le maître d'armes les mettra par deux, ayant soin de choisir ceux qui sont en état de diriger leur pointe. Les *contres* servent à régler la main et apprennent à parer et à riposter ; ils sont également, par ce fait, la base de l'escrime. Les élèves, en général, ont tous la mauvaise habitude de vouloir faire des assauts, avant même de savoir se mettre en garde ; c'est-à-dire, qu'au bout de quelques leçons, ils satisfont leurs désirs, au détriment des principes de l'art.

Il y a des élèves qui travaillent pendant plusieurs années sans même se faire une idée des leçons qu'ils prennent ; ils font machinalement ce que leur enseigne le professeur, sans faire attention à la position de la main ; c'est pourtant une des choses principales, et qui décide souvent du coup de bouton.

Il est donc nécessaire de prendre des leçons le plus longtemps possible, afin de régler la position de la main, des jambes et des bras. Ce résultat ne s'obtient qu'à force de travail et de persévérance.

Lorsqu'un tireur arrive à se posséder, il peut voir lui-même les fautes qu'il commet et s'en corriger graduellement.

Il finit par ne tirer que lorsqu'il se croit sûr de toucher, ce qui lui permet de tirer franchement.

Comme me le disait un jour Jean-Louis, le maître des maîtres : « il faut plastronner, plastronner toujours, afin de régler cette main qui est mal placée ; puis c'est le pied, qui part trop tôt, et la main gauche, qui ne travaille pas ; il faut remédier à tout cela. »

C'était en 1856, à Montpellier. Je m'étais écarté de ma route, pour voir cet homme dont m'avaient parlé différentes fois mes collègues.

— Si tu voyais Jean-Louis, me disaient-ils, tu serais émerveillé. C'est un créole d'environ soixante-dix ans, assez grand, et dont les cheveux blancs inspirent le plus profond respect. Il tombe en garde mécaniquement, comme un automate.

On ne m'avait pas trompé.

A peine avions-nous échangé quelques paroles courtoises, qu'il me dit, avec la familiarité habituelle au soldat : « Mets-toi là !.. Bien... Maintenant je vais voir ce que tu sais faire. » Puis il prit lui même une épée et m'expliqua quelques coups.

Mais ce qui me causa une profonde sensation, ce

fut de le voir tout à coup tomber en garde devant moi.

A l'aspect de ce vieillard, dont les yeux brillaient d'un éclat étrange, et de cette figure bronzée, encadrée de cheveux blancs épars, il me parut complètement transfiguré ; et il me fut impossible de continuer.

Nous allâmes ensuite dans un établissement voisin trinquer à la santé des absents et à la prospérité de l'escrime.

Je l'écoutais avidement, car la conversation ne manqua pas de tomber de nouveau sur les armes.

— « De tout temps, me disait-il, il y a eu des réputations usurpées. Il est vrai que certains individus, se disant maîtres d'armes, vivent sur ce titre, au préjudice des véritables maîtres de l'art. Beaucoup n'ont jamais eu l'occasion de se présenter en face de tireurs émérites, et sont presque totalement ignorés des fins connaisseurs en escrime.

« Il y a aussi des *réputations héréditaires.*

« Il existe encore de petits groupes de professeurs qui ne tirent qu'entre eux.

« On peut compter actuellement quatre ou cinq cents amateurs ou professeurs qui peuvent travailler ensemble, mais, lorsqu'une séance est annoncée, chacun veut choisir son adversaire ou refuse son concours.

« On ne doit pas toujours juger le tireur et même le

6*

professeur d'après un assaut qui aura plus ou moins réussi.

« Un tireur fera beau jeu un jour, mais, une autre fois, soit par indisposition soit pour tout autre cause, il ne pourra faire un jeu passable.

« Il y a des jeux qui ne sympathisent pas ensemble. Pour bien faire, il faut avoir l'habitude de tirer ensemble. On ne peut donc pas juger un tireur sans l'avoir vu quelques fois.

« Il y a également d'excellents professeurs, de très bons démonstrateurs, qui ne peuvent faire de bons assauts en public. »

Nous avons connu un professeur, qui demeurait, 28, rue de Rivoli, au coin de la rue des Pyramides : c'était Mathieu Coulon, le professeur par excellence de la capitale, à cette époque. Il tirait l'épée d'une façon des plus remarquables dans une salle d'armes, mais, en public, il ne pouvait faire un dégagement passable.

Il faudrait donc avoir de nombreuses réunions afin de se familiariser avec le public. Les assauts seraient plus réguliers, et la position deviendrait irréprochable ; mais, ne voulant pas risquer sa clientèle, on hésite : le maître d'armes n'est pas seulement un professeur, c'est aussi un commerçant, et souvent un père de famille, qui a de très grands frais à couvrir, avant de penser à donner le nécessaire aux siens. L'escrime est une mauvaise mère qui nourrit mal ses enfants. Le professeur travaille à peu près quatre ou cinq mois par an ; au mois de novembre, on revient de la campagne, des bains de mer, mais les chasseurs ne font que commencer leurs exploits, au chien courant, ce qui leur plaît davantage, il ne faut donc pas compter sur eux avant la fermeture de la chasse ; le mois de décembre arrive.

Les personnes qui ne chassent pas vous tiennent ce langage : « Il faut penser aux étrennes pour la fin de l'année. » Nous commençons la nouvelle année : alors on dit : « Nous avons des visites à rendre » ; d'autres vous disent : « Il faut faire l'inventaire ; » et pendant ce temps, le professeur reste toujours avec ses frais en face de quelques élèves, attendant le Ier février avec impatience, époque à laquelle il n'y aura plus aucun empêchement.

En effet, plus de campagne, plus de bains de mer, plus de chasses et plus de soirées, ou très peu. Voici les maîtres d'armes à leur affaire, mais, bientôt, le Ier mai arrive à grands pas : on repart à la campagne, on s'occupe d'escrime par hasard. Les professeurs, qui sont seuls, sont donc dans l'impossibilité de travailler, ce qui fait que la main ne se maintient pas en ligne, faute de travail, et principalement de plastron. Pour faire un tireur accompli, il faudrait avoir la patte du chat et la ruse du singe, c'est-à-dire, les *coups droits* et les *coulés dégagés* de Jean Louis, les coupés de Lafaugère et les coups de temps de Grisier, avec les parades de Mathieu Coulon et de Bonnée. Il suffit, pour faire le bonheur d'une salle d'armes, d'un fervent de l'escrime, bien placé dans le monde ; on vient souvent dans les salles pour la fréquentation, c'est-à-dire un peu pour le maître d'armes, et beaucoup pour rencontrer monsieur le comte ou monsieur le duc un tel.

Ceci dit, il ne nous semble pas inutile de citer quelques duels à retentissement, pour rompre un peu la monotonie d'un livre comme celui-ci.

Les duels célèbres furent assez rares sous Napoléon Ier. La fureur guerrière qui anima sous ce règne la grande majorité des Français fut un puissant dérivatif aux haines de clochers.

Les émigrés de l'extérieur, comme ceux de l'intérieur, qui firent, sous ce rapport, tant parler d'eux par la suite, se tinrent coi pendant l'époque impériale.

Absolument satisfaits, il ne songèrent pour ainsi dire pas à l'entraver par des provocations particulières et préférèrent, quelques-uns du moins, s'entasser dans les antichambres de l'empereur.

Tous les Français en état de porter une arme étant sous les drapeaux, les duels furent exclusivement militaires.

On se battait le plus souvent pour les yeux bleus d'une blonde allemande, savante en l'art de verser le vin du Rhin.

> Nous l'avons eu votre Rhin allemand ;
> Il a tenu dans notre verre....

s'écrie plus tard de Musset, en réponse aux provocations du poëte teuton Becker.

On se battit même pour des Françaises, voire pour des Parisiennes, qu'entre deux victoires on venait courtiser dans les salons à la mode.

C'était le bon temps.

Officiers et soldats avaient l'attitude altière qui convient aux braves.

Le bras était bon, le cœur était chaud ; il n'en fallait certes pas davantage pour faire capituler les plus rebelles et pour en découdre sur le pré en cas de contestation.

> Et je me suis battu
> Pour l'amour d'une belle ;
> Non pour son anneau d'or
> Qu'à l'autre elle a donné
> Mais bien, pour un baiser
> Qu'elle m'a refusé.

Ainsi chante le troupier de la légende. La Restauration vit renaître l'époque florissante des duels politiques.

Les fourgons de l'étranger ayant déversé sur le territoire français un fort lot de ci-devants, ceux-ci, fous de rage, employèrent tous les moyens pour détruire les fidèles soldats de Napoléon.

Ils les affublèrent du nom de brigands de la Loire et partout où ils les rencontraient ce n'étaient que coups de sabre ou de pistolet.

Les rencontres de ce genre furent très nombreuses et eurent lieu, dans un certain nombre de cas, avec loyauté ; mais les grognards, malgré les fatigues et les privations, étaient terribles une arme à la main, et il en cuisait la plupart du temps aux royalistes de se mesurer avec eux ; aussi les rencontres loyales cessèrent peu à peu pour faire place à de véritables assassinats.

C'est dans le midi surtout que sévit cette calamité d'un nouveau genre ; c'est dans ces contrées que s'organisèrent les compagnies de royalistes qui, sous le nom de « miquelets » et de « verdets », firent de véritables battues.

M. le duc d'Angoulême et de Damas qui les commandaient y enrôlèrent des énergumènes, et c'est par l'une de ces bandes que le maréchal Brune fut assassiné à Avignon.

Les premiers moments de fureur passés, on en revint aux rencontres particulières et la canne à épée fut bientôt dans toutes les mains.

Les officiers en demi-solde de l'armée licenciée en possédaient tous. Il affectaient avec cela certaines allures provocatrices, soit dans les théâtres, soit dans tous autres lieux publics ; les affaires ne leur manquèrent pas.

Le bois de Boulogne et les Champs-Elysées même, alors moins fréquentés, il est vrai, furent le tombeau d'un grand nombre de duellistes.

Les champions étaient faciles à reconnaître, chacun affectant de porter ostensiblement un signe de ralliement quelconque.

Les royalistes, rasés de frais, n'avaient pas renoncé totalement aux anciennes modes et portaient volontiers des vêtements qui n'eussent pas été désavoués sous Louis XVI.

Les bonapartistes, au contraire, portaient de grosses moustaches et les cheveux courts.

Toujours vêtus de couleurs sombres sur lesquelles se détachait la plupart du temps le ruban écarlate de la Légion d'honneur ; ils se paraient, pendant la saison, de petits bouquets de violettes. La prédilection bien connue de la reine Hortense pour cette fleur fut la seule raison de cette façon de faire, qui subsiste encore aujourd'hui à l'occasion de certains anniversaires.

Comme Louis XVIII n'avait pu, malgré tout, se priver des services d'un grand nombre d'officiers ayant servi sous l'Empire, ces derniers le prenaient de haut avec les admirateurs du nouveau régime.

Les gardes du corps eurent tout particulièrement à souffrir de ces querelles intestines.

Parfaitement choisis, ils combattirent vaillamment, chaque fois qu'on leur en donna l'occasion.

Des querelles éclataient sans cesse dans les cafés, et il ne se passait guère de jour que quelques duellistes ne fussent tués ou blessés grièvement.

La simple rencontre de deux de ces derniers suffisait, la plupart du temps, et le prétexte n'était pas long à trouver.

On en vint à se battre séance tenante dans le café même.

Les duels entre officiers et gardes du corps eurent cela de particulièrement piquant, que ces derniers, tous de très haute stature, ne pouvaient guère reculer devant des adversaires souvent moins bien partagés au point de vue physique. Enfin le désir qu'ils avouaient de se faire remarquer des femmes et du roi n'était pas non plus un des moindres attraits de ces scènes sanglantes.

Dans les disputes qui s'élevaient, les gardes du corps affectaient de ne se servir que d'expressions dédaigneuses, mais pleines de convenances, tandis que leurs adversaires naturels employaient volontiers des termes plus en rapport avec leur fougueux tempérament.

Un jeune capitaine de la ligne, ne sachant, un jour, comment terminer un entretien de ce genre, ne trouva rien de mieux que de lancer à la tête de son partenaire un bol de punch encore chaud.

Aussitôt, ce garde, qui était en bourgeois, emprunta l'épée d'un collègue du capitaine.

On s'aligna ; mais le garde du corps tomba traversé de part en part, après une demi-minute de combat.

Le café Lemblin, au Palais-Royal, acquit à ce propos une grande célébrité.

Situé au coin de la rue Vivienne, en face le café des Aveugles et la maison Corcelet, il avait pour principaux clients une foule d'officiers généraux tels que Fournier, colonel Dufay, colonel Souzet, etc.

Un jour, un groupe de gardes du corps vint annoncer que, par leurs soins, un buste de Louis XVIII serait érigé, dans la soirée, sur le comptoir.

Le soir, le café était bondé d'officiers de l'ex-armée impériale qui attendaient le moment de jouer aussi un bout de rôle dans le spectacle promis. Mais l'autorité, avisée, prit des mesures, consigna les gardes du corps, et l'affaire n'eut pas de suite.

Le colonel Dufay, l'un des plus fanatiques, avait acheté des biens nationaux, parmi lesquels se trouvait une propriété ayant appartenu au comte de Saint-Maurice.

Il y avait même installé une usine en 1816.

Le comte Saint-Maurice qui, rentré en France, avait été nommé lieutenant des gardes du corps, lui offrit de racheter lesdits biens, mais le colonel Dufay prit cette offre pour une insulte et lui expédia aussitôt deux témoins.

Saint-Maurice déclina le cartel, alors le colonel Dufay manœuvra de telle sorte que la rencontre fut jugée inévitable, et qu'elle eut lieu, à quelques jours de là entre Montmartre et Saint-Ouen.

L'affaire fut réglée ainsi qu'il suit :

Quatre balles devaient être échangées, après quoi l'on se servirait de l'épée, si l'un des adversaires n'avait pu être mis hors de combat.

Les adversaires ne s'étant fait aucun mal avec des pistolets, on se mit en garde, suivant les conditions qui avaient été acceptées par les témoins.

Le colonel Dufay se mit alors à attaquer sans relâche, redoublant les coups et s'exposant même plus que de raison.

A la sixième attaque, et sur un dégagement à fond, il traversa la poitrine de Saint-Maurice qui tomba foudroyé.

Le soir même, le bouillant colonel dînant au café Hardy, montrait en riant une brûlure provenant du pistolet, qu'il avait appuyé sur sa manche, afin d'assurer son tir.

— Voyez, disait-il, avec son esprit railleur, nous avons vu le feu de près. et nous sommes à manche égale, pourtant Saint-Maurice ne saurait faire de sitôt la belle.

Un jeune homme, nouvellement incorporé aux gardes, releva le propos, impatient qu'il était de commencer son rôle de défenseur patenté du trône de Louis XVIII.

Comme il ne connaissait encore rien aux armes, les témoins convinrent d'égaliser les chances en enfermant les deux adversaires dans un fiacre. Les jambes devaient être liées ainsi que le bras gauche, et le combat aurait lieu avec des dagues de petites dimensions.

Il fut également entendu que la voiture ferait trois fois le tour de la Place du Carrousel, après quoi l'on constaterait le résultat.

Tout fut fait comme il avait été convenu, et malgré les gémissements qui partaient de la voiture, le cocher ne s'arrêta qu'à l'endroit désigné.

On se précipita pour savoir ce qu'il était advenu des duellistes, qu'on retira affreusement mutilés.

Le jeune garde du corps avait cessé de vivre ; quant au colonel, ses blessures étaient fort graves; il se tira néanmoins de ce mauvais pas.

De tout temps la politique a donné aux combats singuliers une allure de sauvagerie que ce dernier duel ne pouvait qu'accentuer encore.

C'était la façon de voir des bretteurs de l'époque et notamment du royaliste Chodruc-Duclos, qui eut à Bordeaux plusieurs duels célèbres. Sa légende s'étant également perpétuée au Palais-Royal, il passait pour un tireur des plus redoutables.

Les spadassins eux-mêmes eurent lieu de se repentir, à plusieurs reprises, de l'avoir provoqué.

Ayant eu, un soir, une querelle dans un café, il fut entendu qu'on irait le lendemain en découdre.

— Et pourquoi pas tout de suite? dit au bout d'un moment, Chodruc-Duclos.

— Mais je ne vois point la place nécessaire, lui fut-il répondu.

— Comment! et ce billard? Nous allons tous deux y monter et commencer immédiatement le combat sans autre formalité.

Un duel dans ces conditions ne pouvait être que funeste aux combattants, la distance étant trop courte pour rompre en temps opportun.

Sans souci du péril, ils se jetèrent l'un sur l'autre, et Chodruc-Duclos tomba pour ne plus se relever.

Ainsi périt le plus redouté des duellistes, ce qui fut très agréable aux nombreux spadassins qui ne tenaient guère à se trouver en sa présence.

Sous le règne de Charles X, fécond en conspirations de toutes sortes, les duellistes ne chômèrent pas non plus. Carbonari et agents du pouvoir mettaient facilement l'épée à la main, et le nombre des affaires d'honneur se maintint à un chiffre très élevé.

Les Suisses formant la garde du roi ne furent point oubliés ; ils eurent leur part de provocations, et le massacre de ces étrangers, en 1830, a donné la mesure de l'aversion qu'ils inspiraient à la population parisienne.

Mais la très grande majorité de ces innombrables affaires n'eut aucun retentissement.

Elles avaient lieu, la plupart du temps, sous des prétextes futiles, et ne concernaient que des particuliers sans grande notoriété. Il n'en fut pas de même quelques années plus tard, car les premiers moments du règne de Louis-Philippe furent non seulement ensanglantés par des émeutes, mais encore par une série de duels encore présents à l'esprit de beaucoup.

Il s'agissait de la duchesse de Berry. L'opinion publique, déjà vivement surexcitée par ses malheurs, eut bientôt à s'occuper de faits très graves et de nature à entacher l'honneur de cette chevaleresque dame.

Prisonnière à Blaye, en raison de ses tentatives de soulèvement en Vendée, la duchesse, qui revendiquait le titre de régente au nom du futur comte de Chambord, venait d'être prise d'un malaise qui s'expliqua quelques mois plus tard, le plus naturellement du monde.

Il n'en fallait pas davantage pour révolutionner la presse et mettre le feu aux poudres.

Malgré les précautions prises, l'état de grossesse de la veuve du duc de Berry ne tarda pas à être connu.

Le gouvernement d'alors, peu scrupuleux sur les moyens, ainsi qu'il l'avait déjà prouvé dans cette affaire, fut accusé d'être l'auteur des bruits persistants que les amis de la prétendante donnaient comme absolument faux.

Depuis sa détention, les légitimistes ne cessaient de réclamer sa mise en liberté, tandis que les feuilles républicaines réclamaient à grand cris sa mise en jugement. Néanmoins le ton fort modéré de la presse républicaine ne pouvait faire présager, à ce moment, la lutte sanglante qui suivit entre journalistes de différentes opinions.

Le *Corsaire*, journal républicain, crut devoir sortir de cette quasi réserve et publia, avec force détails, tout ce que savait le gouvernement sur l'état réel de la prisonnière. Les choses, dès lors, tournèrent à l'aigre.

Eugène Briffaut, le spirituel feuilletoniste, s'étant reconnu l'auteur de l'article du *Corsaire*, un duel s'ensuivit. Il eut le bras cassé par une balle.

Ce duel fut le premier de la série qui est assez longue.

Des combats en masse furent proposés par Carrel, qui, cédant tout à coup à son ardeur naturelle, accepta une provocation isolée.

Sur une liste de dix noms, il choisit celui de M. Roux-Laborie, ardent légitimiste, et dont la personne lui était absolument inconnue.

Ce duel eut lieu à l'épée ; les deux adversaires y furent blessés :

M. Roux-Laborie de deux coups d'épée dans le bras et dans la main droite, et Carrel d'un coup au bas ventre qui mit sa vie en péril.

La querelle n'en devint que plus ardente.

MM. Armand Marrast et Godefroy Cavaignac, dans la *Tribune*, tendèrent à la généraliser ; mais M. Albert de Calvimont, qui fut, sous l'empire, préfet de la Dordogne, fit au contraire tous ses efforts pour l'individualiser.

Pendant ce temps, les journalistes républicains se réunissaient dans les bureaux de la *Tribune*, et, sur la proposition de M. Flocon, adoptèrent le texte d'une lettre de provocation adressée aux légitimistes, lettre dans laquelle ils se déclaraient tout aussi capables qu'eux de défendre une femme outragée.

Diverses sociétés populaires signèrent cette lettre, ainsi que la plupart des écoles du gouvernement.

Les signatures ainsi recueillies montèrent au chiffre de quatre mille.

Plusieurs députés tinrent à honneur d'apposer la leur au bas de ce cartel qu'ils qualifiaient de patriotique.

Cependant quelques-uns des signataires se récrièrent ensuite, disant que ce cartel était impraticable, et qu'il était de leur devoir d'en revenir aux affaires particulières.

En conséquence, Garnier-Pagès (l'aîné), de Ludre, et de Laboissière demandèrent à MM. Berryer, Arthur de la Bourdonnais et de Deux-Brézé des explications sur les derniers incidents ou une réparation par les armes.

Berryer ayant décliné toute responsabilité dans les derniers agissements légitimistes, l'affaire en resta là.

L'historien Sarrut et son ami intime Rey-Dusseuil reçurent à peu près la même réponse de la rédaction de la *Gazette de France*. Mais M. A. Nettement, au nom du journal la *Quotidienne*, accepta la provocation de M. de Beauterne, qui lui fit une blessure au bras droit. Puis MM. d'Hervas et Grégoire, témoins de Carrel, adressèrent une provocation aux témoins de M. Roux-Laborie.

Dès lors la police intervint, et un certain nombre de duellistes furent emprisonnés.

Bientôt la divulgation du secret de la duchesse termina d'une façon définitive ce conflit, grave entre tous.

Le maréchal Bugeaud, envoyé en ambassade extraordinaire près de la prisonnière, venait, en effet, de faire parvenir au gouvernement la grave déclaration suivante, que publia le *National* du 26 février 1833.

Cette intervention lui fut reprochée plus tard en pleine tribune, et amena le dernier duel qui eut lieu à l'occasion de cette querelle.

Voici la déclaration, document important entre tous, et qui eût épargné le sang versé, s'il avait été rédigé plus tôt :

« Pressée par les circonstances, et par les mesures ordonnées par le gouvernement, quoique j'eusse les motifs les plus graves pour tenir mon mariage secret, je crois devoir à moi-même, ainsi qu'à mes enfants, de déclarer m'être mariée secrètement pendant mon séjour en Italie.

» MARIE CAROLINE.

.» De la citadelle de Blaye, ce 22 février 1833. »

Qui fut étonné? Ce furent les chevaliers servants qui avaient tant pris à cœur de démentir les faits qu'ils supposaient faux et que divulgaient les journaux républicains.

La duchesse accoucha d'une fille, et fut immédiatement autorisée à se rendre à Palerme.

Ce fut le baron de Vitrolles qui reprit le premier la parole. Dans la *Quotidienne* du 9 mars, il expliqua l'importance des mariages morganatiques.

MM. Battur et Nibelle complétèrent ce travail, et tout fut dit.

Pourtant, un an plus tard, ainsi que nous le disons plus haut, un duel, qui eut des suites funestes eut encore lieu au sujet de ces événements.

Dans la séance du 25 janvier, M. Larabit, à la tribune du corps législatif, porta contre le ministre de la guerre de sévères accusations au sujet de l'interdiction faite aux officiers d'élever une réclamation quelconque, *même légale.*

La conduite du ministre envers de jeunes officiers d'artillerie avait été telle, que le général Demarçay n'avait pas craint de dire : « Le ministre a violé la » loi, dans ses actes envers les officiers d'artillerie ; » je ne vois que tyrannie, illégalité et dangers pour » l'avenir de l'armée. »

De son côté, le maréchal Bugeaud était venu en aide au ministre, et s'était écrié : « On obéit d'abord... »

— « Faut-il obéir jusqu'à se faire geôlier? » avait vivement répliqué M. Dulong, l'élève, l'enfant d'adoption de Dupont (de l'Eure), en faisant allusion à la mission du maréchal près de la prisonnière de Blaye.

Le *Journal des Débats* envenima la querelle, en ajoutant des mots qui auraient été prononcés et qu'auraient omis à dessein les sténographes de la Chambre.

Le Château fit également ses efforts pour qu'une rencontre eût lieu.

Elle fut fatale à Dulong, qui tomba le crâne fracassé.

Par une circonstance fortuite, il y avait bal aux Tuileries ce soir même, et le peuple se rappela qu'on dansait également à la cour de Louis XVIII le jour de l'exécution des héroïques sergents de La Rochelle.

De nouveau la presse s'émut profondément de cet événement.

On en voulut surtout à un aide-de-camp du roi, M. de Romigny, qui avait singulièrement pesé sur l'esprit du maréchal Bugeaud pour qu'il exigeât une rencontre.

Le gouvernement eut la précaution de mettre 60,000 hommes sous les armes le jour des obsèques de Dulong.

A ce prix la tranquillité ne fut pas troublée.

Un duel qui fit également beaucoup de bruit, fut celui de Carrel et de Girardin, le 20 juillet 1836.

A peine avait-il atteint sa vingt-cinquième année, que M. Emile de Girardin commença par attirer sérieusement l'attention de ses contemporains.

Mais son système de presse à bon marché excita contre lui un grand nombre de confrères jaloux de ses succès.

Les attaques furent vives, accerbes, passionnées, exagérées.

Elles prirent bientôt un caractère aigu, et Girardin, conspué, crut devoir s'adresser aux tribunaux pour se défendre.

Les attaques redoublèrent.

Alors, et pour intimider ses adversaires, il menaça de publier les biographies d'un certain nombre d'entre eux.

Chacun se crut d'avance diffamé, et l'un des plus ardents, le journaliste Armand Carrel, le somma de renoncer à ce projet.

Ce dernier, qui passait pour un duelliste consommé et qui avait joué un rôle assez important dans les événements de cette époque, essuya un refus.

Il réclama alors une réparation par les armes, qui lui fut accordée. Le duel eut lieu au pistolet, à vingt-cinq pas.

Au commandement, les deux coups partirent à la fois.

Armand Carrel tomba pour ne plus se relever : il avait été atteint d'une balle au bas-ventre.

Quant à Emile de Girardin, il en fut quitte pour une blessure à la cuisse.

Douze ans plus tard, au milieu de l'effervescence générale causée par la révolution de Février, une manifestation d'un caractère tout spécial avait lieu sur la tombe de Carrel.

Girardin s'y rencontra avec plusieurs de ses adversaires, au nombre desquels se trouva Armand Marrast, l'un des plus dévoués.

Des poignées de mains furent échangées, on jura de ne plus songer à autre chose qu'à défendre ensemble le nouveau gouvernement; bref, la réconciliation fut complète.

Un duel qui fit un certain bruit, en 1845, fut celui d'un sergent de l'armée avec un garde national.

On sait le rôle important que joua la garde nationale pendant tout le règne de Louis-Philippe.

Le roi, pour lui donner encore plus de relief, ne s'habillait qu'en général de cette milice chaque fois qu'il devait revêtir, dans certaines cérémonies l'habit militaire.

Malgré tout, les soldats-citoyens eurent toujours une tenue déplorable causée surtout par leur recrutement même ; souvent aussi le peu d'amour-propre ou la lésinerie de certains d'entre eux — ils s'habillaient à leurs frais — leur donnait une tournure absolument grotesque, que les règlements en vigueur ne pouvaient enrayer.

De là mille quolibets, dont le moindre fut celui de « paquets de couennes. »

L'armée, bien entendu, ne se faisait pas faute de se moquer aussi de ces auxiliaires, peu intéressants d'ailleurs.

Pour se rendre à la place Vendôme et à l'Hôtel de

Ville, où les gardes nationaux montaient la garde, certaines de leurs compagnies passaient inévitablement devant le poste de l'Echelle, alors situé rue de Rivoli, dans les dépendances du château des Tuileries.

Chaque fois que ce fait se produisait, il était de mode de la part des soldats du poste de sortir et de se tenir les côtes en les regardant passer.

Souvent même des officiers ne craignaient pas de donner l'exemple de cette preuve de parfait mauvais goût, dans tous les cas.

Les gardes nationaux étaient fort vexés, mais ne savaient que faire, lorsqu'un maître d'armes, nommé Girardin, et qui faisait partie de l'une des compagnies passant par ce chemin, résolut de mettre un terme à ce scandale.

Girardin, très petit, prêtait plus qu'aucun autre aux plaisanteries ; de plus, il s'affubla de telle façon, le moment venu, que l'éclat de rire des soldats du poste fut cette fois formidable.

Girardin, très calme, sortit du rang et dit au plus impertinent :

— Pourquoi riez-vous ainsi?

— Nous rions de votre tournure de paquets de couennes, lui fut-il répondu.

Girardin répliqua par un soufflet ; un sergent vint s'interposer, et lui dit :

— Puisque vous prétendez être des soldats, vous

devez savoir que lorsqu'on a l'honneur de porter
une arme, on ne se bat pas comme des chiffon-
niers.

— Je ne demande pas mieux, répliqua le maître
d'armes, et puisque vous connaissez si bien les usa-
ges, je vous invite à m'envoyer vos témoins.

Tout de suite les choix furent faits ; Girardin laissa
sa compagnie continuer sa route, et prit le chemin de la place du Carrousel, alors pleine de re-
coins sombres et malpropres.

Après un échange de paroles blessantes, de défis,
de menaces, les deux adversaires se trouvèrent bientôt le briquet à la main.

A peine en garde, le sergent fondit sur le garde
national et lui porta un coup de banderolle qui le
manqua de quelques centimètres, grâce à une parade de Girardin. Aussitôt ce dernier riposta par le
même coup, et lui ouvrit le ventre.

Depuis ce moment les quolibets cessèrent, mais
l'on ne peut s'empêcher de remarquer ce que de pa-
reils procédés avaient de défectueux tant au point
de vue militaire absolument négligé, qu'à celui de
la simple tranquillité des rues.

Ajoutons encore qu'il en est de même dans toutes
les autres armées européennes, sans exception.

Ainsi, en ce qui concerne l'armée française, il est
de notoriété que le cavalier fait peu de cas du fan-
tassin, que les chasseurs à pied ont horreur du pan-

talon rouge, et que les nombreux corps de non-combattants ont tous un sobriquet spécial et souvent peu gracieux.

Officiers et soldats d'administration, sont des « riz-pain-sel » et les médecins majors n'ont jamais pu, malgré leur assimilation de grade, se faire dénommer par les soldats : « Mon lieutenant, mon capitaine, etc. ».

Du reste, un règlement est intervenu tout dernièrement à ce sujet, lequel règlement a donné raison aux troupiers.

On dit aujourd'hui : « Monsieur le médecin-major. »

Le duel que nous allons raconter eut justement pour cause une appellation désobligeante, encore appliquée aujourd'hui aux soldats du train.

C'était à Bichwiller, en 1848.

Un maréchal-des-logis d'artillerie nommé Truflair ayant traité de « charretier » un de ses collègues du train des équipages, une rencontre fut décidée.

Rapasson, ainsi se nommait l'adversaire, fut tué.

Ce dernier avait un frère servant également dans la même arme, mais d'une autre garnison.

Fou de colère, il fit démarches sur démarches pour pouvoir rejoindre l'artilleur et venger, si cela se pouvait, la mort de son frère.

Il n'y parvint qu'au bout de deux années, et, nu

jusqu'à la ceinture, comme il est d'usage, se trouva enfin face à face avec Truflair.

Le combat ne fut pas de longue durée : se ruant littéralement la pointe en avant, le frère de Rapasson traversa de part en part le malheureux artilleur.

Ce duel eut un certain retentissement dans les garnisons où se trouvaient réunies ces deux armes, et des querelles assez nombreuses éclatèrent à ce sujet.

Dans les premiers jours de la présidence de Louis-Napoléon, une affaire fort dramatique eut lieu au Palais des Tuileries même.

L'organisation matérielle, encore fort incomplète, de la maison du Prince-président, permit à un adroit filou de s'emparer d'un portefeuille contenant une somme importante.

Ce portefeuille avait été oublié sur la table d'un salon par le président ; il était sa propriété personnelle.

Le Prince ayant fait quelques recherches et parlé de sa mésaventure devant un petit cercle d'intimes, le général Cornemuse, qui était présent, s'écria : « Il n'y a que Saint-Arnaud qui a pu faire cela ! »

Comme bien on pense, Saint-Arnaud releva promptement l'injure, et sur l'autorisation formelle du chef de l'Etat, une rencontre eut lieu immédiatement dans l'un des sous-sols du palais.

Le général Cornemuse y trouva la mort.

Des bruits vagues d'assassinat coururent au sujet de cette rencontre, mais rien absolument ne vint donner quelque consistance à ces bruits, et le mot d'assassinat est trop souvent prononcé à propos de duel pour qu'on puisse y attacher plus d'importance qu'il ne faut.

Le régime très militaire du deuxième empire fut assez fécond en duels de toutes catégories.

A Thionville, sous ce règne, un régiment de lanciers et un de ligne se prirent de querelle à propos du droit exclusif que chacun d'eux croyait avoir de fréquenter un établissement spécial portant l'enseigne de l'Arbre vert.

Pour obvier à l'encombrement du lieu, un planton fut placé à la porte avec consigne de n'y laisser entrer que les soldats munis de permissions régulières.

Lorsque les lanciers étaient de garde, ils n'y laissaient entrer que des lanciers, les lignards, bien entendu, leur rendaient la pareille.

De nombreux duels furent la conséquence de cette inimitié entre ces deux régiments, et les choses prirent une telle tournure que les officiers eux-mêmes, prenant parti pour leurs soldats, eurent également à ce propos plusieurs rencontres meurtrières.

L'une de ces rencontres mérite certainement une mention particulière.

Elle eut pour partenaires deux sous-officiers.

Il avait été convenu qu'on se rencontrerait à 5 h. du matin, près du café des Grenouilles situé, sur les bords de la Moselle.

Cet établissement jouissait d'une grande renommée à cause des prix extrêmement bas de ses consommations. C'est là que les combattants allaient, de préférence, pour sceller leur réconciliation lorsque l'affaire n'avait pas été trop grave.

A l'heure dite, combattants et témoins se trouvèrent au rendez-vous.

Le maître d'armes de l'un des régiments, ayant pris les dispositions habituelles à ces sortes de rencontres donna le signal.

L'arme choisie était le fleuret démoucheté.

Nos combattants, de très bonne mine, faisaient des feintes, se fendaient, paraient et ripostaient avec un entrain remarquable, lorsque tout à coup la lame entière du fleuret du sous-officier de la ligne disparut dans le corps du lancier.

On alla quérir une civière pour le transporter ; mais le major de service, en l'examinant, conclut d'attendre au lendemain pour le porter à l'hôpital, ne jugeant pas la blessure mortelle.

Le lendemain pas de complications ; bref, la lame n'ayant atteint aucun organe essentiel, le malade fut sur pied au bout de huit jours.

Des rapports étant parvenus au ministre de la

guerre au sujet de ces estocades journalières, des ordres furent expédiés, et l'un des régiments quitta la garnison.

A peu près à la même époque, nous avons eu l'occasion d'assister, vers minuit, à un duel assez bizarre en pleine place du Carrousel.

Un dragon et un cuirassier, qui avaient assisté à une représentation au Châtelet, se prirent de querelle à propos de la façon dont avait été reproduit sur la scène un duel entre des personnages de la pièce.

Du Châtelet au Carrousel, la course est assez longue, et les deux soldats avaient eu le temps d'épuiser tout le vocabulaire des injures connues et inconnues des pékins.

L'un d'eux entraîna l'autre près des jardins et, tout comme au temps de Richelieu, dégaîna en défiant son compagnon à la lueur d'un réverbère ; disons cependant que ledit réverbère était éclairé au gaz.

Les coups de pointe étant interdits dans les combats au sabre entre militaires, les deux adversaires se firent des bleus terribles, car les lames n'étaient point repassées, et ne pouvaient entailler le drap des uniformes.

Epuisés tous deux de ces chocs, le combat menaçait de traîner en longueur, aussi, leur unique té-

moin trouvant très suffisant cet échange de ho-
rions, déclara-t-il l'honneur satisfait.

Vers la fin du règne de Napoléon III, une grave
querelle éclata à Versailles entre un régiment de carabiniers et celui des zouaves de la garde.

Des bagarres eurent lieu, ainsi que plusieurs rencontres particulières.

Mais il ne faisait pas bon, à cette époque, de jouer
avec ces choses.

Une enquête sévère, conduite par des généraux,
fut ordonnée.

Elle donna tort aux carabiniers, qui durent quitter la ville.

Comme dans toutes les querelles possibles, chacun
des belligérants avait ses partisans.

Ceux des carabiniers, civils et militaires, accom-
pagnèrent avec ostentation le régiment le jour du
départ.

Disons cependant que le germe du conflit avait
pris naissance dans l'intervention d'un poste de
zouaves, que des désordres sur la voie publique
avaient fait requérir.

Depuis les événements de 1870, les duels politiques
surtout ont été assez nombreux, mais la quantité
n'a pas remplacé la qualité, et même certains des
plus fameux ont été absolument grotesques.

Celui de M. de Fourtou et de Gambetta peut en

effet passer pour le comble du genre ; de nombreuses caricatures l'ont rendu légendaire.

Le duel avait lieu au pistolet et à trente-cinq pas, distance énorme et peu usitée.

Le premier des deux est d'une myopie très accentuée, quant à l'autre tout le monde sait qu'il était borgne.

Enfin, le brouillard épais qui, justement ce matin même, couvrait la clairière dans laquelle on devait se battre, ne laissait apercevoir de l'adversaire qu'une sorte d'ombre absolumeut confuse.

L'unique balle qui devait, d'après les conventions, être échangée, n'ayant, comme il était facile de le prévoir, amené aucun résultat, l'honneur fut déclaré satisfait, et les adversaires, chacun dans son camp respectif, furent de nouveau adulés par leurs partisans.

N'hésitons pas à qualifier d'indignes comédies de pareilles rencontres.

A côté de cela, un duel qui eut du retentissement jusqu'en Cour d'Assises, se dénoua peu de temps après d'une façon tragique.

Deux écrivains bonapartistes, MM. Dichard et de Massas, ayant eu, à la suite de propos tenus dans une réunion publique, la fatale idée d'en découdre, se rencontrèrent l'épée à la main dans la propriété de M. Rogat, autre écrivain de même nuance.

Ce duel eut lieu dans une étroite allée du parc attenant à la propriété, ce qui empêcha les témoins de se tenir de chaque côté des combattants et rendit leur présence inutile.

Ni l'un ni l'autre n'avait de grandes connaissances en escrime.

A peine en garde, de Massas, suivant son fougueux tempérament, chargea son adversaire avec une violence inouïe.

Bientôt ce dernier fut acculé au mur qui bordait de ce côté la propriété.

Ne pouvant plus rompre, celui-ci tendit au hasard et désespérément le fer sur lequel vint s'enferrer son peu commode adversaire.

Un autre duel, à phases mouvementées, est celui, plus récent, de M. Arthur Meyer, directeur du *Gaulois*, avec M. Drumont, l'auteur de la *France Juive*.

Là, les motifs étaient certainement plus sérieux, et devaient nécessairement amener une rencontre.

Des faits d'ordres privés avaient été révélés par le publiciste ; bien d'autres que M. Meyer eussent pu se trouver insultés.

Noblesse oblige, et le porte-parole officiel du grand monde israélite se dévoua pour terrasser en champ clos le terrible révélateur.

Comme pour les précédents combattants, leur science de l'escrime était très modérée ; des corps-à-corps en furent les conséquences inévitables, et, dans l'un de ces moments, la main gauche de M. Meyer se saisit de l'épée de son adversaire, tandis que la sienne le blessait à la cuisse.

On ergota beaucoup, dans le monde de l'épée et ailleurs, sur cet incident ; en ce qui nous concerne, nous voulons croire que les deux champions n'avaient guère conscience de ce qu'ils faisaient, et que la passion les aveuglait totalement l'un et l'autre.

Mais, à notre époque, pour un duel sérieux, cent autres ne le sont pas, et la liste en serait longue s'il nous fallait la publier.

Quant aux duels qui naissent au sein de la Chambre et du Sénat, ils ont généralement pour issue un procès-verbal de conciliation rédigé dans le cabinet du président respectif.

A l'encontre de ce qui se passait avant la guerre, la galanterie n'a eu rien à voir dans les rencontres des quinze dernières années.

Grâce aux tracas de l'existence, les hommes sont-ils devenus moins amoureux, ou les femmes sont-elles devenues moins passionnantes ? Je ne saurais le dire.

Je hasarderai néanmoins cette réflexion, que le revolver me semble avoir remplacé le combat qui, suivant les lois de la chevalerie, désignait autrefois l'heureux possesseur de l'objet aimé.

L'un des derniers duels où la galanterie ait joué un rôle est celui que reproduisit avec le plus grand succès un peintre, sous le titre : « Après le bal. »

Il eut lieu dans les environs de 1862, entre M. Brame, qui depuis fut ministre, et M. Degouve-Denunque, aujourd'hui député.

On sortait de l'Opéra. A cette époque, les plus grands seigneurs ne dédaignaient point de se travestir pour aller s'amuser incognito.

Aujourd'hui, nos modernes talons rouges dédaignent ce genre de distraction, et préfèrent passer leur temps dans le monde où l'on s'ennuie. C'est leur affaire.

Toujours est-il que nos deux joyeux compagnons se rendirent aux Champs-Élysées, couverts à ce moment d'une neige épaisse, vers 7 heures du matin.

C'est M. Degouve-Denunque, costumé en pierrot, que le tableau représente atteint d'une blessure qui parut mortelle aux témoins.

Je n'ai pas à faire ici l'éloge de ce tableau tant au point de vue du dessin et du coloris que de l'intérêt poignant qui s'empare de celui qui le contemple.

Il fut reproduit avec une grande vérité, en tableau vivant, dans une pièce que Mme Fould fit représenter au Gymnase il y a quelques années.

Ce qui a rendu les rencontres plus anodines, est justement l'étude de l'escrime, qui, depuis plusieurs années surtout s'est beaucoup propagée.

L'escrime a cela de bon, que si, d'un côté, elle donne à l'homme qui s'y livre conscience de sa force, elle lui enseigne la prudence.

Le tireur le plus classique n'est pas à l'abri d'un coup d'épée, tant s'en faut, et le cas d'un ignorant en cette matière, blessant sur le terrain un adversaire plus fort que lui à la salle, n'est pas très rare.

De là à dire, comme certains fanfarons, qu'il est inutile de fréquenter les salles et d'y travailler consciencieusement, il y a loin.

Le plus habile tireur peut avoir une défaillance et se laisser dérouter par le jeu d'un adversaire plus faible, mais ce ne sera là que pur accident et, dans aucun cas, ne pourra servir de règle.

Les dispositions morales jouent également un grand rôle sur le terrain.

Celui qui dans son âme et conscience sait qu'il a commis une vilaine action, laquelle est cause de la rencontre, n'aura pas toujours le sang-froid nécessaire ; il cherchera même quelquefois à ménager son adversaire et recevra, en guise de remerciement, un magnifique coup de pointe.

Les livres et les traités concernant l'escrime sont des plus nombreux et des plus variés, car, suivant les époques, cette science s'est profondément modifiée.

Nous ne retiendrons des diverses lectures que nous avons pu faire dans cet amas de documents, souvent précieux, que ceci, c'est qu'autrefois l'enseignement de l'escrime se faisait avec beaucoup plus de méthode qu'aujourd'hui, et que le travail qui en était la conséquence était énorme.

Au siècle dernier, on ne se servait guère de masque, dont l'usage ne s'est introduit en France que lentement.

Les coups enseignés devaient passer, lisons-nous dans « les Arts académiques, » par une série de feintes d'une grande précision ; de cette façon, la figure des élèves n'était pas en danger, d'où l'inutilité du masque.

Mais à la science mathématique a succédé celle de l'à-propos.

La ruse est aujourd'hui, avec la vitesse, le principal facteur de cet exercice.

La ruse découle tout naturellement de l'à-propos.

Profiter des fautes d'un adversaire est, autant que la précision dans l'attaque, le secret de l'escrime moderne.

D'après l'auteur des « Etats académiques », la garde française consiste à porter le pied droit à deux pas du pied gauche, puis de tomber en garde la pointe de l'épée à la hauteur de l'épaule.

La garde italienne, à cette époque, consistait à

élever le poignet à la hauteur de l'épaule, la pointe tournée vers le bas-ventre de l'adversaire.

En Allemagne, la main était aussi très élevée, et la pointe de l'épée basse ; mais la position de la main était néanmoins différente, en ce sens que les ongles étaient en dessous. Souvent, le jarret gauche était tendu, portant le corps en avant.

Les Espagnols se mettaient en garde debout, et changeaient peu de place. Ils avaient des épées très longues avec lesquelles ils ne tiraient guère qu'à la figure.

La main était tenue haute, et la pointe de l'épée dirigée sur la figure de l'adversaire.

Pour parer, il faisait un mouvement en arrière, en portant vivement le pied droit près du gauche. C'était le contraire pour attaquer, et lorsque le combattant jugeait le moment favorable, il rapprochait le pied gauche près du droit, le bras toujours tendu.

Ce coup bien exécuté était d'un effet foudroyant.

Pour nous résumer, les passes d'armes consistaient alors à fatiguer son adversaire, à l'étourdir souvent par des cris et de bruyants appels, puis à essayer quelque coup foudroyant qui laissait rarement la vie sauve à ceux qui y étaient exposés.

Il n'est plus question aujourd'hui de ces exterminations, où périrent tant d'hommes valeureux, car le vainqueur de la veille fut souvent le vaincu du lendemain.

Les témoins, à notre époque, ont plus souci de la vie de leur client et discutent minutieusement les conditions du duel.

Malheureusement, il leur arrive souvent de n'être pas à la hauteur de la mission qui leur est confiée et de commettre force erreurs préjudiciables à ceux qu'ils devraient au contraire assister.

Choisir soigneusement ses témoins est une nécessité pour le duelliste moderne.

A la salle d'armes, l'assaut est l'image du combat.

Toucher et ne pas l'être est, disait Molière, toute la science des armes.

Pour obtenir ce résultat, une étude approfondie, un travail constant, est indispensable.

Sous la direction d'un professeur habile et soucieux de sa réputation, les progrès seront rapides et sérieux.

Il faut savoir éviter surtout les incapables qui laissent prendre aux élèves de mauvais principes.

Qu'on sache bien que les premières leçons données ont la plus haute importance et décident souvent de l'avenir d'un tireur.

VII

UTILITÉ ET HYGIÈNE DE L'ESCRIME

Utilité de l'escrime.

Si, maintenant, nous envisageons l'escrime au point de vue hygiénique, nous verrons que pour les enfants, par exemple, elle développe les muscles et facilite la croissance.

L'escrime donne de la confiance en soi-même, apprend aux jeunes gens la manière de se tenir avec distinction et convenance, et leur permet, arrivés à l'âge d'homme, de se faire respecter si l'occasion s'en présente.

De plus, il est incontestable que les salles n'étant fréquentées que par des personnes bien élevées, ils n'auront pas de mauvais exemples sous les yeux. « Dis-moi qui tu hantes, et je te dirai qui tu es. »

Ce proverbe qui, malheureusement, n'est pas tou-

jours vrai, peut s'appliquer d'une façon toute particulière aux salles d'armes.

Pour l'homme de 25 à 35 ans, qui n'a jamais fait
d'exercice de corps, et qui a besoin de conserver la
souplesse de ses membres, l'escrime sera d'un grand
secours.

Pour ceux qui, à cet âge, et par la nature même
de leurs occupations, ont une existence sédentaire,
l'escrime devient un besoin.

Que dire de ceux qui prennent un embonpoint dé-
mesuré, ou qui sont atteints de la goutte, de mala-
dies de cœur, etc. ?

Puisque l'homme est une machine, il faut que
toutes les parties de son corps fonctionnent. Sans
cela, les articulations prendront de la raideur.

Pour que le corps humain puisse conserver sa vigueur, il lui faut la chaleur, non la chaleur factice
d'un calorifère, mais celle qui est naturelle par le
sang qu'elle fait circuler jusque dans ses parties les
plus infimes.

De la part de celui qui s'y adonne, l'escrime nécessite beaucoup de volonté et d'énergie ; aussi de
nombreux oisifs préfèrent-ils la simple promenade,
ou bien encore le jeu du billard, persuadés que le
nombre de pas nécessaires pour bien terminer une
partie de 50 points produira le même effet.

C'est là une grave erreur. Les veillées prolongées
dans un café, dont l'atmosphère laisse beaucoup à

désirer, l'absorption d'un nombre incalculable de consommations variées, qui, fussent-elles de première
qualité, ne peuvent que produire, par la suite, de
graves désordres dans notre économie, ne vaudront
jamais les exercices, un peu plus rudes, il est vrai,
de la salle d'armes.

Il a été constaté bien souvent devant nous que des
personnes atteintes de palpitations les voyaient disparaître complètement au bout de six mois de
salle.

Les gens obèses surtout, qu'il ne faut pas confondre avec les hommes gras, trouvent dans les salles
un puissant remède.

Pour les personnes grasses, il y a pourtant des
exceptions et qui, par cela même, méritent d'être
citées.

Dans ce cas se trouvait M. R. F...y, propriétaire
d'un des plus importants magasins de nouveautés de
Paris.

Il vint nous trouver, il y a de cela quelques années, et nous désignant son ventre énorme : « Croyez-
vous, nous dit-il du ton le plus aimable, que le maniement du fleuret fera disparaître cette rotondité,
et me ferez-vous retrouver des jambes pour monter
un escalier d'une dizaine de marches ?

— Si vous me faites l'honneur de venir ici très
régulièrement pendant six ou huit mois, une grande

amélioration en sera le résultat, lui fut-il répondu ; dans tous les cas, essayons.

Le succès fut inespéré, au bout de quelques mois l'embonpoint avait disparu en partie, et l'énergie revenue.

Remarque intéressante : l'élève avait gagné en poids ; ce qui prouverait que l'escrime masse les chairs et leur donne une consistance qu'elles ne possèdent pas quand l'homme reste inactif.

L'exercice développe la force, et la plupart des hommes mous que l'on rencontre en abondance, et qui se traînent péniblement dès l'âge de quarante ans, retrouveraient de l'exercice s'ils se livraient à l'escrime.

Après la nourriture, ce qu'il y a plus essentiel pour l'homme soucieux de conserver sa santé, c'est-à-dire le développement naturel de ses organes, ce sont les exercices raisonnés du corps.

Nous avons néanmoins des élèves, dans les salles, auxquels l'escrime ne rend aucun service, mais il est bon de faire remarquer ce que ces amateurs, trop amateurs, entendent par « faire des armes. »
L'un de nos élèves, M. le comte de M., qui habitait une fort jolie villa aux Champs-Elysées, avait contracté des habitudes telles que l'escrime ne lui fut d'aucun secours. Quoique âgé de 32 ans seulement, il ne se levait guère avant onze heures.

Son domestique lui apportait alors dans sa chambre un tapioca succulent après l'absorption duquel il s'étendait sur une chaise longue, faisant ouvrir pendant quelques minutes les fenêtres, pour prendre l'air du jardin, disait-il. L'heure du déjeuner arrivait aussitôt ; on passait à la salle à manger, mais la plupart du temps M. le comte n'y faisait pas honneur, n'ayant aucun appétit.

Vers deux heures, on attelait le coupé pour conduire monsieur à la salle d'armes, que son médecin lui avait expressément ordonnée.

Avec des soins infinis, le domestique déshabillait son maître et lui faisait revêtir ses effets de salle.

— Monsieur le comte, veuillez vous mettre en garde, lui disions-nous, pour lui faire exécuter quelques coups très simples.

Mais, après quelques minutes, l'épée lui échappait des mains, et il fallait le laisser se reposer.

A la deuxième reprise même comédie, c'est à peine si on pouvait obtenir de lui de faire deux appels.

— Si vous le voulez bien, disait-il, nous en resterons là, je ne me sens pas très bien portant.

Le domestique rhabillait son maître qui se faisait aussitôt ramener chez lui en voiture.

Le soir venu, une tasse de lait lui suffisait pour son repas, puis il se remettait aussitôt à fumer les cigares les plus forts qu'il soit possible de trouver, tout en faisant sa toilette pour le théâtre.

Il est facile de comprendre que dans ces conditions, l'escrime ne peut être utile ; s'il avait été plus
énergique, les exercices de la salle auraient donné de
la chaleur au sang ; à son tour l'estomac aurait
mieux fonctionné et la santé serait revenue.

Nous avons également eu l'occasion de faire faire
des armes à un Monsieur que la paralysie des jambes retenait dans son fauteuil.

Nous ne pouvions en croire nos yeux, mais, devant
l'insistance du médecin, nous nous mîmes en devoir
de commencer.

Ce singulier élève ne pouvait, par conséquent,
que parer et riposter tant bien que mal.

Cela était très fatiguant pour nous, mais très utile
au malade.

La chaleur donnée à l'estomac par cet exercice
lui permettait de manger ; en même temps une certaine vigueur lui était revenue, et lui rendait l'existence moins pénible.

Un autre cas, également fort curieux, est celui
d'un enfant de 11 ans, lequel semblait gonflé, car
son corps formait comme une boule, ne laissant
échapper que des membres grêles et trop courts.
Un médecin expert ordonna l'escrime. Accompagné
de son père, il vint chaque jour à notre salle, où des
fleurets de taille petite avaient été mis à sa dispo-
sition.

Les progrès furent rapides, mais le développement de son corps le fut plus encore.

A 18 ans, et déjà d'une belle force à l'escrime, il était devenu un superbe gaillard faisant plaisir à voir.

Nous pourrions multiplier à l'infini ces exemples, si nous voulions raconter tous ceux que nous avons vus ainsi que ceux qui, de divers côtés, sont parvenus à notre connaissance. Passons maintenant à l'escrime « au point de vue de la défense. »

La fréquentation de la salle d'armes donne de la confiance au tireur, et le fait respecter de tous.

Rarement un amateur sérieux se trouvera mêlé à quelque mauvaise affaire.

On le respectera plus que tout autre. Les mauvais coucheurs et les chercheurs de querelles préfèrent s'adresser à des personnes sans expérience et sans connaissances spéciales sur cette matière, afin d'avoir plus facilement le dernier mot.

Le bon tireur laissera ses adversaires s'emballer jusqu'aux limites extrêmes de la bienséance. Après quoi, et le plus correctement du monde, il les obligera à se mesurer avec lui. L'affaire alors deviendra sérieuse et sera de nature à faire évanouir les projets belliqueux des dits adversaires. Devant un tireur honorable et capable, ils reculeront souvent au dernier moment, et feront les plates excuses obligatoires. Le cas s'en produit trop souvent pour que nous nous croyions obligé d'en donner des exemples.

Inutile d'ailleurs de nous étendre outre mesure sur ce sujet, le plus simple bon sens devant suffire pour sa compréhension.

Aujourd'hui, le goût de l'escrime a pris une telle extension que les maîtres de cet art vont recruter, jusque dans les boudoirs des dames les plus élégantes, de gracieuses adeptes.

A tous les points de vue c'est une excellente chose ; elle tue, mais guérit aussi.

La thérapeutique s'en est emparée et l'ordonne aux malades avec un soin jaloux.

Nous verrons sans doute le jour où les accessoires obligés de l'escrime ne seront point déplacés dans une corbeille de mariage.

Au point de vue de l'hygiène, comme à celui de la sécurité conjugale, cela pourrait être une bonne opération.

Pourquoi pas ?

A 9 heures, le matin, la gentille soubrette annoncerait à madame que le maître d'armes est aux ordres de madame.

Bientôt le bruit des parades et des ripostes du tac au tac ferait tressaillir d'aise les portraits d'ancêtres tout bardés de fer, accrochés çà et là dans les appartements.

Cela leur rappellerait leur bon temps.

Le plus sérieusement du monde, Madame attaquerait, romprait, se fendrait, s'élancerait ; ses joues, non qu'elles ne le soient déjà, seraient plus roses, Madame serait vaillante, Madame serait fière, Madame se sentirait vivre.

Nous avons emprunté les réflexions qui vont suivre à l'une des plus aimables escrimeuses qu'il nous ait été permis de connaître.

L'escrime n'est pas seulement l'art d'occire son semblable, elle donne de la souplesse et de la légèreté, de la grâce et du moelleux aux hanches, développe la poitrine et donne de la noblesse aux attitudes.

Pour les demoiselles, cela vaudra toujours mieux que l'horrible piano, auquel notre collaboratrice d'un instant semble avoir voué une haine profonde.

En ce qui nous concerne plus particulièrement, nous avons connu des Anglaises qui fréquentaient notre salle et s'en acquittaient à merveille.

Une remarque faite par ces demoiselles, et que nous n'hésitons pas à reproduire, au risque de nous laisser accuser de fatuité, c'est que le professeur et les prévôts qui leur donnaient leçon, étaient beaucoup plus doux dans leur enseignement, que tous les professeurs des autres branches que cultivaient également ces gracieuses amazones.

Ainsi tombe la légende qui veut que les professeurs d'armes soient dangereux à cause de leur brusquerie et de leur peu de ménagement dans les leçons.

Ces Anglaises que leur plaisir ou leur devoir ont appelées depuis sous d'autres latitudes, nous ont laissé un parfait souvenir de ce que peut une femme.

Non contentes de travailler par elles-mêmes, elles avaient amené à notre salle des parentes qu'elles s'efforcèrent de ranger à leur cause.

Les parents mâles s'en mêlèrent, et ce fût bientôt dans la famille un joyeux cliquetis d'épées que ne troublèrent en aucune façon, les mines effarées des grands-parents.

Avec l'escrime, les femmes n'auront plus à redouter l'embonpoint ; elles resteront souples et sveltes jusqu'à cinquante ans. La migraine, les vapeurs, les névralgies sont à tout jamais dissipées ; les couches même seront moins laborieuses.

La névrose est la grande maladie de l'époque. Ces crimes surprenants, froidement combinés, exécutés comme une sonate ; ces chutes bizarres de femmes délicates et orgueilleuses qui s'enfuient avec des cochers, des valets de pied, des jockeys ; ce désordre général enfin, cette danse de Saint-Guy de la politique, de la religion, de la famille, tout cela tient à une diathèse inflammatoire que l'escrime peut refréner et même guérir.

A Paris surtout, l'esprit est constamment tendu, le cerveau en ébullition.

Cette surexcitation du système nerveux détruit tout équilibre; la tête chante par tous les pores, la matière cérébrale en ébullition marque Sénégal, et l'hystérie devient générale.

Dans cette ville, pour que la femme puisse se garder, il y a trop de mouvement, trop de fièvre, trop de passion.

Un bruit incessant, des spectacles étonnants et même exorbitants font à chaque instant dérailler les esprits les mieux équilibrés. On vit dans une atmosphère de maison de jeu. Si l'on ne s'aperçoit pas de la maladie des autres, c'est que tout le monde est malade.

C'est d'abord un excès de sensibilité, un état morbide dont on ne se rend pas compte, un besoin d'excitants, puis un désir d'assoupissement de quelque chose d'inconnu qu'on sent en soi.

Un médecin m'a avoué qu'il avait renoncé à pratiquer des saignées, parce qu'il s'était aperçu qu'il prenait plaisir à voir couler le sang.

La démence est dans l'air. La stupeur subite du cerveau devient de plus en plus fréquente. C'est la grande névrose.

Dans ces crises qui ébranlent notre être fragile, on donnait autrefois son âme au diable, aujourd'hui, on lui donne son corps.

Les *possédées* sont partout. Satan a vaincu.

La vie en plein air, l'exercice, la gymnastique sont des remèdes autrement puissants que tous les produits pharmaceutiques dont les appellations bizarres nous poursuivent sous forme de réclames dans les endroits les plus déserts.

Mais là commence la difficulté pour le Parisien.

De quelle façon pourra-t-il respirer le bon air des champs, alors que ses affaires ou son plaisir le retiennent dans la grande ville ?

Le problème a été maintes fois résolu. C'est l'escrime, qui seule peut remplacer ce que le Parisien ne peut posséder.

La, tout le corps travaille ; les jambes donnent comme les bras ; les muscles du mollet se tendent, le biceps s'arrondit, le ventre rentre.

L'escrime n'est pas seulement l'art de défendre son honneur et de toucher sans être touché, comme on l'a cru longtemps sur la foi du maître d'armes de M. Jourdain. C'est là un préjugé disparu.

Le dogme nouveau établit que l'escrime est un art plastique et humanitaire, qui donne de la souplesse aux membres, de l'élégance à la démarche, et de la noblesse au caractère.

L'escrime relève le moral, et embellit le physique ; sous son influence, les pectoraux se développent, la virilité augmente, ce qui contribue puissamment à faire de l'homme un animal plus superbe encore.

Il y a différentes manières de comprendre l'escrime.

L'homme de lettres, ou du monde fera le plus
souvent des armes comme amateur, et n'aura jamais
songé à tuer personne. Pour lui, l'escrime n'est qu'un
sport agréable.

Pour d'autres, il n'en est pas ainsi.

Le tragique reprend le dessus, et l'élève vient
faire de l'escrime, pour apprendre à se battre. S'il
se bat, c'est pour tuer, le tout par respect des convenances et souci des traditions.

Il est souvent très redouté, car en toute occasion,
et même comme simple témoin, il incline aux solu-
tions les plus cruelles. Il arrive également que ce
terrible champion ne dépasse pas les bornes de la
prudence, néanmoins il aura réussi à se faire craindre.

Pour beaucoup de personnes, la fréquentation de
la salle d'armes doit inévitablement changer tout
amateur en terrible spadassin ; c'est une erreur.
Bien au contraire ; et il est piquant de constater que
les duels sont plus rares dans le monde des armes
que partout ailleurs.

Ici, nous en appellerons à M. Legouvé lui-même,
lequel, dans sa charmante brochure intitulée : *Un
tournoi au XIXe siècle*, s'exprime ainsi, en parlant
aux mères de famille : « Vous êtes pleines de pré-
« vention contre l'escrime ; votre tendresse voit tou-

« jours une épée dans un fleuret, et vous craignez
« que la salle d'armes ne fasse de vos fils des spa-
« dassins. Détrompez-vous ! Je ne connais pas un
« spadassin dans les habiles tireurs de Paris ; un
« lâche seul peut provoquer une lutte où il n'y a de
« péril que pour son adversaire ; un homme de
« cœur trouve dans sa force même le droit et le de-
« voir de rester modéré en étant ferme ; et, comme
« cette force conseille aux autres la modération en-
« vers lui, il s'ensuit que l'habileté en escrime est
« une double raison pour se battre plus rarement. »

Nous nous associons, bien entendu, et de grand
cœur, à ces paroles pleines de sagesse.

Plus nos jeunes gens seront familiarisés avec l'épée
moins il y aura de duels. D'autre part, la santé générale y gagnera.

C'est évidemment aux craintes exagérées et aux
idées sans justesse sur la matière que nous devons
les nombreuses tentatives de répression par les lois.

La dernière en date, a pour ainsi dire, été plus
malmenée que toutes ses sœurs aînées.

MM. Griffe et Hérold, qui la présentaient, ont donné
dans cette discussion le plus bel exemple de l'art de
parler pour ne rien dire,

Aussi ont-ils été éconduits par le Sénat, à qui on
ne soupçonnait pas tant de vaillance.

Y avait-il là-dessous quelque question d'intérêt ?
Peut-être.

La gent avocassière, qui nous envahit chaque jour de plus en plus, est surtout en force dans les avenues du pouvoir ; or, les bretteurs heureux ou malheureux, y compris leurs témoins, sont généralement d'assez bonnes pratiques.

De là à supposer qu'il y avait peut-être, pour ces messieurs, une augmentation de clientèle, il n'y a qu'un pas.

N'insistons pas. Remercions seulement le Sénat d'avoir compris que le vieil honneur français ne pouvait échouer sur de vulgaires bancs de justice, et qu'il fera toujours meilleure mine sur le pré, le fer à la main, et les yeux dans les yeux de celui qui aura voulu le faire déroger.

LE SABRE

—

VIII

LE SALUT ET LA LEÇON

Salut du Sabre.

Faire un demi à gauche et placer les pieds en équerre, le poing gauche sur la hanche ou la main gauche tenant le masque, la main droite tenant le sabre, la lame verticale, les ongles tournés vers le corps et à hauteur du menton.

Tomber en garde en portant le pied droit à environ 45 centimètres en avant; faire en même temps le salut du sabre en tournant et abaissant la main droite, de façon à ce que la pointe du sabre vienne à environ 10 centimètres du sol.

Faire deux appels du pied droit, se relever en arrière en rapportant le pied droit au gauche et ramenant le sabre à sa première position.

Saluer quarte le bras demi-tendu, les ongles en dessus, la lame du sabre horizontale; le tranchant tourné vers la gauche ; retourner la main pour venir saluer tierce, les ongles en dessous, le tranchant du sabre tourné vers la droite, la lame horizontale. Rapporter la main droite à sa première position, étendre le bras en avant, les ongles en dessous, faire un moulinet en décrivant d'abord un cercle vers la gauche, ensuite un cercle vers la droite ; en achevant ce dernier, retomber en garde comme au début, la pointe du sabre à 10 centimètres du sol ; faire deux appels du pied droit et se relever comme il est dit ci-dessus, puis pour terminer, ramener la main à la hauteur du menton et saluer en abaissant le sabre devant soi.

PREMIÈRE FIGURE.

Faire feinte d'un coup de figure en dedans, d'un 2^c coup de figure en dehors, et porter un coup de flanc à fond. (Côté gauche de l'adversaire).

DEUXIÈME FIGURE

Faire feinte d'un coup de figure en dedans, d'un 2e coup de figure en dehors, revenir à la parade de la tête, riposter d'un coup de tête. Reprendre la garde.

Remarquez que ces deux figures sont les mêmes au début pour leur 1re partie.

TROISIÈME FIGURE

Dégager le fer, porter un coup de tête, revenir à la parade de tête, riposter d'un coup de pointe.

QUATRIÈME FIGURE

Dégager le fer, porter un coup de tête, revenir à la parade de tête, porter un coup de pointe, revenir en parade d'un coup de tête et riposter d'un coup de pointe. Reprendre la garde. (Remarquez que les premiers principes de ces 2 figures sont les mêmes).

CINQUIÈME FIGURE

Parer prime, porter un coup de flanc à fond, parer la tête et riposter d'un coup de ventre.

SIXIÈME FIGURE

Parer prime, porter un coup de flanc à fond, parer la tête, riposter d'un coup de ventre, parade de figure, portez un coup de pointe à fond, les ongles en dessus. Reprendre la garde.

SEPTIÈME FIGURE

Répéter la 6ᵉ figure, puis relever le coup de pointe, revenir à la parade de tête, porter un coup de pointe, les ongles en dessous.

HUITIÈME FIGURE

Parer prime, porter un coup de flanc et 3 coups de tête vivement réitérés, ensuite arrêter l'adversaire par un coup de pointe à fond. Ici bien se défendre.

NEUVIÈME FIGURE

Dégager le fer étroitement, parer prime, porter un coup de pointe à fond. (Reprendre la garde).

DIXIÈME FIGURE

Porter un coup de figure à fond, (sans dégager le fer), parer le flanc droit, riposter par un coup de tête, parer la figure et riposter par un coup de flanc.

ONZIÈME FIGURE

Dégager le fer, porter un coup de banderolle, et parer le flanc droit, et riposter d'un coup de tête.

DOUZIÈME FIGURE

Dégager le fer, porter un coup de tête, parer le ventre, riposter d'un coup de tête, parer le flanc, riposter d'un coup de tête. Reprendre la garde.

TREIZIÈME FIGURE

Feindre un coup de manchette, dégager le fer, porter un coup de tête, revenir en parade de tête, et se fendre par un coup de pointe, les ongles en dessous. (Reprendre la garde).

QUATORZIÈME FIGURE

Porter deux coups de manchettes, en décrivant 2 cercles enveloppant le fer de l'adversaire, puis toucher le fer, marquer un léger temps d'arrêt, croiser de nouveau le fer, en rompant de la jambe, et arrêter son adversaire, par un coup de pointe à fond.

QUINZIÈME FIGURE

Parer prime, porter un coup de flanc, parer la tête, riposter d'un coup de tête, parer la figure, riposter d'un coup de flanc, parer la tête, porter un coup de figure, parer le flanc, riposter d'un coup de tête, parer la figure, et finir par un coup de flanc.

SEIZIÈME FIGURE

Dégager le fer, porter un coup de tête, se parer le ventre, riposter d'un coup de tête. Lorsque l'adversaire portera un coup de jambe, retirer vivement celle-ci en arrière, et porter vivement un coup de tête, etc., etc.

LEÇON TECHNIQUE

GARDE EN TIERCE :   Coup de tête.

«   «   « de figure.

«   «   « de banderolle.

«   «   « de pointe.

GARDE EN QUARTE :   Coup de figure à droite.

«   «   « de flanc.

«   «   « de pointe dessous.

GARDE EN TIERCE : Parer banderolle, parez prime.
«   «   Riposter tête.
«   «   Parer quinte, riposter figure.

GARDE EN TIERCE : Coup de tête, parer flanc, riposter
«   «   tête.
«   «   Coup de tête, riposter pointe.
«   «   Coup de banderolle, parer, riposter
«   «   banderolle.

GARDE EN QUARTE : Coup de figure, parer quinte,
«   «   riposter figure.
«   «   Coup de flanc, parer tête, riposter
«   «   banderolle.

GARDE EN TIERCE : Coup de pointe, parer tête, riposter
«   «   banderolle.
«   «   Coup de pointe, riposter figure à
«   «   droite.
«   «   Feinte de figure. Coup de tête.
«   «   «   Coup de flanc.

Garde en quarte, feinte de figure, à droite et à
gauche, à fond, parer la banderolle, et riposter tête, en
garde.

Garde en tierce, feinte de figure, à gauche et à
droite, à fond, parer le flanc, et riposter pointe, les
ongles en dessous, en garde.

Garde de tierce, feinte à la tête, et au flanc, coup de
tête, en garde.

Garde de tierce, feinte de banderolle, coup de tête,
parer flanc, et riposter tête.

Garde de quarte, feinte de coup de flanc, coup de tête, parer flanc, riposter pointe, en garde.

Après une parfaite connaissance des coups et feintes démontrés dans cette théorie, les élèves pourront se fortifier entre eux dans l'escrime en sabrant volonté.

FIN

TABLE DES MATIÈRES

I. — Le terrain raisonné et pratique 3
II. — Théorie de la mise en garde, explication des feintes, des attaques et des huit parades 16
III. — Leçon technique, feintes, attaques, parades, ripostes et contre-ripostes . . . 37
IV. — Histoire de l'escrime depuis son origine . 48
V. — Un peu de critique 65
VI. — Quelques duels. — Anecdotes 98
VII. — Utilité et hygiène de l'escrime 138
VIII. — Leçon de sabre, le salut et la leçon. . . 153

FIN DE LA TABLE

. Imprimerie de DESTENAY, à Saint-Amand (Cher.)

www.ingramcontent.com/pod-product-compliance
Ingram Content Group UK Ltd.
Pitfield, Milton Keynes, MK11 3LW, UK
UKHW021931070726
13614UKWH00001B/377